ZHONGHUA RENMIN GONGHE
CHENGXIANG GUIHUAFA
—— JIESHUO ——

中华人民共和国城乡规划法
解说（第二版）

全国人大常委会法制工作委员会经济法室
住房和城乡建设部城乡规划司、政策法规司　编

知识产权出版社
全国百佳图书出版单位

图书在版编目（CIP）数据

中华人民共和国城乡规划法解说/全国人大常委会法制工作
委员会经济法室等编.—北京：知识产权出版社，2016.9（2022.1 重印）
ISBN 978 - 7 - 5130 - 4483 - 7

Ⅰ.①中… Ⅱ.①全… Ⅲ.①城乡规划法—法律解释—中国
Ⅳ.①D922.297.5

中国版本图书馆 CIP 数据核字（2016）第 227509 号

责任编辑：齐梓伊　　　　　　　　**责任校对：**王　岩
封面设计：韩建文　　　　　　　　**责任印制：**刘译文

中华人民共和国城乡规划法解说 (第二版)

全国人大常委会法制工作委员会经济法室
住房和城乡建设部城乡规划司、政策法规司　编

出版发行：**知识产权出版社** 有限责任公司	网　址：http://www.ipph.cn
社　　址：北京市海淀区气象路 50 号院	邮　编：100081
责编电话：010 - 82000860 转 8176	责编邮箱：qiziyi2004@qq.com
发行电话：010 - 82000860 转 8101/8102	发行传真：010 - 82000893/82005070/82000270
印　　刷：天津嘉恒印务有限公司	经　销：各大网上书店、新华书店及相关专业书店
开　　本：880mm×1230mm　1/32	印　张：8.875
版　　次：2016 年 9 月第 2 版	印　次：2022 年 1 月第 6 次印刷
字　　数：221 千字	定　价：58.00 元

ISBN 978 - 7 - 5130 - 4483 - 7

本书编写人员

顾　　问：安　建　　张　穹　　仇保兴

主　　编：黄建初　王振江　唐　凯　　冯　俊

副主编：吴建平　孙安军　张　勤　　岳仲明
　　　　　左　力　　曹金彪

编写人员（以姓氏笔画为序）：

门晓莹	卫　琳	方　明	王胜军
王晓东	王振江	王鸿雁	左　力
冯　俊	付　爽	付殿起	任世英
孙安军	李　枫	李晓龙	李　博
宋　芳	杨永明	余　英	吴建平
张　勤	陈景进	郑文良	岳仲明
段广平	赵永革	赵　辉	施春风
郭兆敏	倪　明	高　飞	唐　凯
阎东星	曹兵兵	曹金彪	曹　珊
黄建初	蔡力群	熊　燕	潘海霞

目　录

第一部分　导论

第二部分　分章详解

第一章　总则

第二章　城乡规划的制定

第三章　城乡规划的实施

第四章　城乡规划的修改

附　　录

附录1　中华人民共和国城乡规划法

附录2　相关法律、法规和规章

导　论

一、制定《中华人民共和国城乡规划法》的重要意义

改革开放以来，特别是近 20 年来，随着计划经济体制向社会主义市场经济体制转变，我国的城乡发展建设发生了深刻的变化，城镇化呈现出新的特点。

一是我国的城镇化水平大大提高。常住人口城镇化率由 1978 年的 17.9%，上升到 2020 年的 60%[①]。城市数量和规模迅速增加，一些地区形成了联系紧密的城市群。仅 1978～2006 年间，全国城市总数由 193 个增加到 656 个。城市等级规模也发生了巨大变化，其中，城市人口在 50 万以上的大城市从 40 个增加到 140 个，中等城市从 60 个增加到 230 个，小城市从 93 个发展到 286 个。从城市发展的趋势看，呈现出城市区域化和区域城市化。一些地方出现了联系紧密的城市群，如我国的"长三角""珠三角""京津冀"等城市密集地区，其经济社会影响力日益增强。

二是国家投资体制、财税体制以及土地使用制度等发生了根本性的变化。由改革开放初期，我国城市建设基本上由政府主导的一元化投资体制，向现阶段政府、社会多方参与的多元化投资体制转变。土地使用制度由单一的政府划拨方式，向土地出让方式（招、拍、挂）占主体的有偿使用方式转变。加上中央政府、地方政府财税体制改革等，都对城乡规划体制产生了重大影响。

[①] 参见《中华人民共和国 2020 年国民经济和社会发展统计公报》，载中华人民共和国中央人民政府 http://www.gov.cn/xinwen/2021 – 02/28/content_5589283.htm，访问日期 2021 年 9 月 1 日。

三是小城镇发展呈现新局面，建制镇内涵发生了本质变化。1978 年我国仅有建制镇 2173 个。这些镇以县城镇和工矿城镇为主，其经济社会结构和小城市相似，与周围农村的经济社会联系相对较弱。到 2006 年，建制镇数量已达 17 645 个，新增的建制镇大多由原乡建制发展而来，是一定区域农村经济社会发展的中心，并正在发展成为以为农业服务、商贸旅游、工矿开发等多种产业为依托的、各具特色的新型小城镇，并在事实上构成了具有中国特色的城镇化的重要组成部分。这种地位和作用是一般意义上的城市或者农村无法替代的。

四是流动人口数量庞大。2020 年，我国进入城镇务工的农民达到 2.8 亿多人。由于户籍和土地制度等原因，其绝大多数户口在农村，工作生活在城镇，即在保留农村宅基地和承包经营土地的前提下进城务工，各种待遇与市民相差较大，而形成了一种具有中国特色的、有学者称之为"准城镇化"的现象。

党的十六届三中全会提出的统筹城乡发展，完善社会主义市场经济体制，党的十六届五中全会提出的建设社会主义新农村等重大战略，就是从社会主义现代化建设的全局出发，统筹城乡区域发展。要坚持把解决好"三农"问题作为重中之重，实行工业反哺农业、城市支持农村，推进社会主义新农村建设，促进城镇化健康发展。党的十九大报告提出，实施乡村振兴战略，建立健全城乡融合发展体制机制和政策体系，加快推进农业农村现代化。

1989 年全国人大常委会颁布了《中华人民共和国城市规划法》（以下简称《城市规划法》），1993 年国务院颁布了《村庄和集镇规划建设管理条例》，标志着我国城乡规划工作已进入了法制化轨道，形成了依法进行城乡规划的制定和实施管理的基本制度。这对于加强城市、村庄和集镇的规划、建设与管理，遏制城市和乡村无序建设、破坏生态环境等问题，促进城乡健康协调发展发挥了重要作用。但是，近年来，随着城镇化进程的加快和社会主义市场经济体系的逐步建立，城乡规划作为保障城镇化健康有序发展的重要公共政策，其原有的管理体制、机制遇到了一些新的问题，原有法律制度已不能完全适应形势发展的需要。

第一，随着经济社会的发展和城镇化进程的加快，城乡之间的联系日益紧密，特别是在城市所在区域的经济社会发展中，城市和乡村的发展日益交融，互为影响，但原有规划管理制度是建立在城乡二元结构基础上的，就城市论城市，就乡村论乡村，这种规划制定与实施模式已经不适应城乡统筹的需要，影响了城乡协调健康发展，也带来了严重的经济和社会问题。

第二，原有城市规划仅考虑单个城市的发展，没有从更广泛的范围内统筹考虑城市之间的协调发展和城镇体系布局的优化，从而出现区域性基础设施重复建设，导致资源的浪费和城镇体系布局的不当。

第三，一些地方出现了盲目扩大城市规模，圈占土地，搞不切实际的"形象工程""政绩工程"，不重视资源保护的现象。规划的制定和实施过程中缺乏充分的社会参与和专家论证，对行政权力缺乏必要的制约，一些地方政府随意变更规划，甚至无视规划进行建设活动。这些现象反映了在城乡建设发展的指导思想上出现了偏差。

第四，乡和村庄规划管理薄弱，村庄建设散乱，既浪费了土地资源，又破坏了人居环境。部分乡、村庄没有规划，一些乡规划、村庄规划盲目模仿城市规划，没有体现农村特点，难以满足农民生活和农村发展的需要，无法真正实施。

第五，原有的《城市规划法》和《村庄和集镇规划建设管理条例》中的规划实施制度已经不能适应土地使用制度改革和国家投资体制改革的需要，亟须进行调整。例如，随着国有土地使用权的取得方式由主要通过划拨方式取得向主要通过出让方式取得的转变，建设用地规划许可证的发放环节和程序也需要进行相应调整。

第六，原有的《城市规划法》和《村庄和集镇规划建设管理条例》中的法律责任过于原则，对有关行政主管部门违法行为未设定相应的法律责任，对违法行为的处罚力度不够，对违章建筑的处理未作界定，执法机关自由裁量权过大，现实中以罚代拆现象严重，违法建设行为屡禁不止。

城镇化发展是一个长期的历史过程。城乡规划法律制度应与时俱进，根据不同发展阶段的特点制定相应的规则。当前我国社会经济体制和城镇化发展的特点及出现的问题，迫切需要对现行的城乡规划法律制度加以完善。

一是要落实科学发展观，统筹城乡协调发展，建立统一的城乡规划体系。合理把握城镇化进度，贯彻"工业反哺农业，城市支持农村"和城乡统筹的方针，并在空间资源的配置、发展目标的协调、城镇基础设施向乡村延伸等方面发挥城市对乡村的辐射带动作用，通过立法，打破传统的城乡二元结构发展模式，建立统一的城乡规划体系。

二是要提高城乡规划制定的科学性，保障规划实施的严肃性。要把全面建设小康社会的目标和落实科学发展观、构建社会主义和谐社会以及社会主义新农村建设等要求作为城乡规划建设的指导思想；按照"政府组织、专家领衔、部门合作、公众参与、科学决策"的要求，改进规划编制工作方式，提高规划编制的质量与水平；要健全规划决策机制，完善决策程序，加强规划的审查和审批；要加强对城乡规划的行业管理和建设，严格管理规划编制机构，实行注册规划师制度规范规划编制单位和人员的行为；加大公众参与城乡规划的力度，进一步加强和完善地方人民代表大会及其常务委员会对规划编制、实施的监督，保障城乡规划的全面、有效实施。

三是要明确城乡规划的强制性内容，保障社会和公共利益。针对我国城镇化快速发展过程中的特点，城乡规划编制和管理的重点，应由确定开发建设项目转变为对各类资源节约利用和对公共利益的有效保护以及引导公共财政投入到重要的基础设施和公共服务设施上。把绿地、自然与历史文化资源、水系、环境保护、主要基础设施和公共服务设施、防灾减灾等规划内容作为强制性规定，不得随意修改和调整。同时，城乡规划应坚持以人为本的原则，以建设和谐社会为目标，维护社会公平，保障公共安全。城乡空间布局和建设应在保护公共利益的前提下，尊重和保护群众的合法权益，防止大拆大建，解决好关系群众切身利益的人居环境问题，不断提高人民群众的生活质量。

四是要建立事权统一的规划行政管理体制，保障规划的全面实施。明确各级政府在组织编制和审批城乡规划、实施城乡规划方面的权力和责任，各级政府应依法行使各自的规划管理权、监督权。通过不同层级政府规划事权的划分，形成强有力的规划行政管理体制，保证城乡规划的有效实施。

制定出台《中华人民共和国城乡规划法》（以下简称《城乡规划法》）是从我国国情和各地实际出发，以多年的城市和乡村规划工作实践经验为基础，借鉴国外规划立法经验，进一步强化城乡规划管理的具体体现。它的出台，对于提高我国城乡规划的科学性、严肃性、权威性，加强城乡规划监管，协调城乡科学合理布局，保护自然资源和历史文化遗产，保护和改善人居环境，促进我国经济社会全面协调可持续发展具有长远的重要意义。

二、《城乡规划法》的制定过程

20 世纪 90 年代，我国改革开放不断深入、社会主义市场经济体制逐步建立，城乡建设和发展速度很快，计划经济体制下颁布实施的《城市规划法》的缺陷和不足日益显现，难以适应城乡建设发展的需要和规划工作依法行政的基本要求。从八届人大到九届人大，人大代表多次提出尽快修订《城市规划法》的议案。对《城市规划法》进行修订，被提上了议事日程。

全国人大和国务院高度重视《城市规划法》的修订工作。全国人大密切关注《城市规划法》修订工作的进展情况。国务院强调必须完善城市规划的法制建设，在 1999 年 12 月召开的全国城乡规划工作会议上，温家宝同志明确提出加快修订《城市规划法》的要求。

1999 年下半年，原建设部开始着手《城市规划法》的修订工作，专门召开了老领导和专家、部分院校学者、部分地方规划主管部门同志参加的座谈会，听取关于修订《城市规划法》的意见，同时启动有关研究等前期准备工作。

原建设部于 2000 年 8 月成立了《城乡规划法》起草领导小组和起草工作小组。在总结《城市规划法》和《村庄和集镇规划建设管理条例》实施经验的基础上，原建设部党组决定按照城乡统筹的思路，起草《城乡规划法》。经过多次调研、论证，在收集、整理大量国外城乡规划资料，借鉴发达国家城乡规划管理先进经验的基础上，于 2001 年 7 月完成了《城乡规划法》（征求意见稿）的起草工作，并于 2001 年 8 月将《城乡规划法》（征求意见稿）发各省、自治区、直辖市规划行政主管部门征求意见。

2002 年 10 月，根据《国务院关于加强城乡规划监督管理的通知》（国发〔2002〕13 号）精神，起草工作小组对《城乡规划法》（征求意见稿）做了完善，并再次征求了国务院有关部门和省、自治区、直辖市规划主管部门的意见。在尽可能吸收部门和地方意见的基础上，经多次研究、修改、论证后，形成了《城乡规划法》（修订送审稿），并于 2003 年 5 月上报国务院。

国务院法制办收到《城乡规划法》（修订送审稿）后，反复征求了国家发展和改革委员会、国土资源部等部委和北京、上海等地方人民政府以及清华大学、同济大学、中国城市规划设计研究院等科研机构的意见，到陕西、江苏、北京、上海、广东等地进行了调研，并专门召开了专家论证会和有关部门的协调会。在此基础上，按照党的十六届三中全会、五中全会提出的统筹城乡发展和建设社会主义新农村的要求，对城镇体系规划、乡规划和村庄规划的内容作了进一步的充实和完善，对乡、村庄规划建设提出了更加具体、明确的要求。在审查过程中，国务院法制办曾就本法的名称问题专门报请国务院领导同志审定。2006 年 12 月 22 日经国务院第 157 次常务会议讨论通过后，《城乡规划法（草案)》（以下简称《草案》）提请全国人大常委会审议。

收到《草案》后，全国人大财经委召开专门座谈会，听取了国务院法制办、原建设部的修改说明，以及有关部门和专家的意见。2007 年 4 月，十届全国人大常委会第二十七次会议对《草案》进行了第一次审议。全国人大法工委到北京、上海、广东、广西等地进行了专题调研，并专门召开了有关专家和部门参加的座谈会，进一步听取意见。同时，根据全国人大常委组成人员的审议意见，对《草案》中关于人大审议城乡规划的环节，关于对各地制定乡规划和村庄规划等内容作了进一步的完善。

2007 年 8 月 24 日，十届全国人大常委会第二十九次会议对《草案》进行了第二次审议。2007 年 10 月 28 日，第十届全国人民代表大会常务委员会第三十次会议审议通过《中华人民共和国城乡规划法》，以第七十四号主席令，公布《城乡规划法》自 2008 年 1 月 1 日起施行（2015 年 4 月 24 日第十二届全国人民代表大会常务委员会第十四次会议第一次修正，2019 年 4 月 23 日第十三届全国人民代表大会常务委员会第十次会议第二次修正）。

三、《城乡规划法》的基本框架

《城乡规划法》对城乡规划的制定、实施、修改、监督检查和法律责任作了规定。《城乡规划法》共分为七章 70 条。

第一章"总则"共 11 条。包括：立法目的，适用范围，城乡规划和规划区的概念，制定和实施城乡规划的原则和要求，城乡规划与国民经济和社会发展规划、土地利用总体规划的关系，城乡规划编制和管理经费来源，单位和个人对于经依法批准的城乡规划的知情权、查询权和对违反城乡规划行为的举报和控告权，鼓励采用先进的科学技术以增强城乡规划科学性和实施监管的效能，城乡规划管理体制等。

第二章"城乡规划的制定"共 16 条。包括：全国城镇体系规划、省域城镇体系规划的编制和审批程序，城市、镇的总体规划的编制和审批程序，城市、镇的总体规划的内容、强制性内容和期限，城市、镇的控制性详细规划的编制、审批和备案程序及修建性详细规划的编制，乡规划、村庄规划的编制和审批程序，乡规划、村庄规划编制的原则和主要内容，首都的总体规划、详细规划的特殊需要，城乡规划编制单位的资质条件，编制城乡规划的标准和基础资料，城乡规划草案的公告、公开征求意见及专家和有关部门审查等。

第三章"城乡规划的实施"共 18 条。包括：城乡规划实施的原则，城市、镇及乡、村庄的建设和发展的原则，城市新区的开发和建设与旧城区的改建，历史文化名城、名镇、名村及风景名胜区的保护，城市地下空间的开发和利用，城市、镇的近期建设规划的制定、期限和备案，城乡规划确定的禁止擅自改变用途的基础设施、公共服务设施用地和生态环境用地，选址意见书、建设用地规划许可证、建设工程规划许可证、乡村建设规划许可证的核发及不得在城乡规划确定的建设用地范围以外作出规划许可，建设单位变更规划条件的批准程序，临时建设的批准程序，城乡规划主管部门对建设工程是否符合规划条件进行核实以及建设单位在竣工验收后报送有关资料等。

第四章"城乡规划的修改"共 5 条。包括：城乡规划的实施评估，城乡规划修改的权限和程序，城市、镇的总体规划强制性内容修改的权限、程序，近期建设规划的修改备案，控制性详细规划的修改程序，修改规划给规划许可相对人的合法权益造成损失的补偿，修建性详细规划、建设工程设计方案的总平面图的修改以及因修改给利害关系人合法权益造成损失的补偿等。

第五章"监督检查"共 7 条。包括：县级以上人民政府及其城乡规划主管部门对城乡规划编制、审批、实施、修改的监督检查，地方人大常委会或者乡、镇人民代表大会对城乡规划的实施情况的监督，城乡规划主管部门对城乡规划的实施情况进行监督检查时有权采取的措施及监督检查情况和结果的处理，上级人民政府城乡规划主管部门对有关城乡规划主管部门的行政处罚的监督等。

第六章"法律责任"共 12 条。包括：有关人民政府及城乡规划主管部门在编制城乡规划方面的法律责任，城乡规划主管部门违法核发选址意见书、建设用地规划许可证、建设工程规划许可证、乡村建设规划许可证的法律责任，有关部门违法审批建设项目、出让或划拨国有土地使用权的法律责任，城乡规划编制单位超越资质等级许可的范围承揽规划编制工作的法律责任及违反国家有关标准编制城乡规划的法律责任，未取得建设工程规划许可证或者未按照建设工程规划许可证的规定进行建设的法律责任，未依法取得乡村建设规划许可证或者未按照许可证的规定进行建设的法律责任，违法进行临时建设的法律责任，建设单位未按时报送有关竣工验收资料等情况的法律责任，县级以上地方人民政府对违法建设的行政强制执行，构成犯罪的刑事责任等。

第七章"附则"共 1 条。规定了本法施行的具体时间，《城市规划法》同时废止。

四、关于城乡规划法规

1989 年 12 月七届全国人大常委会第十一次会议通过了《中华人民共和国城市规划法》，1993 年 6 月国务院颁布了《村庄和集镇规划建设管理条例》。这"一法一条例"，是《城乡规划法》实施前城市规划工作和乡村规划工作的基本法律依据。根据"一法一条例"的规定，原建设部发布了一系列的部门规章，对"一法一条例"的规定予以细化；各地结合本地实际情况，颁布了城乡规划方面的地方性法规、地方政府规章。经过近 20 年的不断努力，在《城乡规划法》颁布实施前，我国已经形成由城乡规划方面的法律、行政法规、部门规章、地方性法规和地方政府规章组成的城乡规划法规体系。

法律：《城市规划法》。

行政法规：《村庄和集镇规划建设管理条例》。

原建设部规章：《城市规划编制办法》《城市国有土地使用

权出让转让规划管理办法》《开发区规划管理办法》《城镇体系规划编制审批办法》《建制镇规划建设管理办法》《城市规划编制单位资质管理规定》《城市绿线管理办法》《外商投资城市规划服务企业管理规定》《城市抗震防灾规划管理规定》《城市紫线管理办法》《城市黄线管理办法》《城市蓝线管理办法》等。

　　地方性法规、地方政府规章：全国 31 个省、直辖市、自治区都制定了实施《城市规划法》办法或城市规划条例；各地又根据各自的实际情况，制定颁布了有关的政府规章，如《北京市城市规划条例》《广东省城市控制性详细规划管理条例》《广州市城市规划管理办法》《重庆市城市规划管理技术规定》等。

　　《城乡规划法》是在总结《城市规划法》实施经验的基础上，根据新形势需要而制定的。它的颁布实施将是统筹城乡建设和发展，确立更加科学的规划体系和严格的规划实施制度的新依据，对完善城乡规划法规体系将起到积极的促进作用。

　　根据《城乡规划法》的规定，近期，城乡规划方面的法律、行政法规将由之前的"一法一条例"扩展为"一法三条例"。"一法"由《城市规划法》演变为《城乡规划法》；"三条例"，则是在《村庄和集镇规划建设管理条例》之外，增加了《风景名胜区条例》和《历史文化名城名镇名村保护条例》。《风景名胜区条例》已于 2006 年 12 月 1 日开始实施，并于 2016 年 2 月 6 日根据国务院令第 666 号作出修订。《历史文化名城名镇名村保护条例》于 2008 年 4 月 2 日国务院第 3 次常务会议通过，自 2008 年 7 月 1 日起开始实施，并于 2017 年 10 月 7 日根据国务院令第 687 号作出修正。

　　《城乡规划法》颁布实施后，《村庄和集镇规划建设管理条例》以及有关城乡规划的部门规章、地方性法规和地方政府规章需要根据《城乡规划法》的规定及时进行修订、完善，以保持城乡规划法制的统一。

五、城乡规划技术标准体系

《城乡规划法》第二十四条规定："编制城乡规划必须遵守国家有关标准。"第六十二条规定，城乡规划编制单位"违反国家有关标准编制城乡规划的"，"由所在地城市、县人民政府城乡规划主管部门责令限期改正，处合同约定的规划编制费一倍以上二倍以下的罚款；情节严重的，责令停业整顿，由原发证机关降低资质等级或者吊销资质证书；造成损失的，依法承担赔偿责任"。按照法律规定，城乡规划技术标准体系既是编制城乡规划的基础依据，又是依法规范城乡规划编制单位行为，以及政府和社会公众对规划制定和实施进行监督检查的重要依据。

城乡规划涉及的各项建设内容必须严格按照国家标准进行，规划中各项建设指标不得突破国家标准确定的指标控制值；政府和公众要通过与国家有关标准的对照，清晰判断规划内容是否合法，建设行为是否符合要求；承担城乡规划编制的单位违背国家有关标准编制城乡规划，依违法情节的严重程度，要承担被责令改正、罚款、停业整顿、降低资质等级或吊销资质证书、赔偿等法律后果。城乡规划标准建设工作逐步走上正轨，始于20世纪90年代初。1990年7月，原建设部发布了国家标准《城市用地分类与规划建设用地标准》，随后又相继公布了《城市用地分类代码》《城市居住区规划设计规范》等标准。1993年，原建设部完成了《城市规划标准规范体系》，经过2003年和2006年两次修订后，形成了《城乡规划技术标准体系》（《工程建设标准体系（城乡规划部分）》）。

城乡规划技术标准体系共分为三个层次。第一层为基础标准，是指作为其他标准的基础并普遍使用，具有广泛指导意义的术语、符号、计量单位、图形、模数、基本分类、基本原则等的标准；第二层为通用标准，是针对某一类标准化对象制定的覆盖面较大的公共标准；第三层为专用标准，是指针对某一具体标准化对象或作为通用标准的补充、延伸制定的专项标准。《城乡规划技术标准体系》，共包括城乡规划技术标准48项。其中基础标准6项，通用标准11项，专用标准31项。

从工作进度看，我国城乡规划标准制定工作仍然滞后于城镇化和城市发展建设的进程，严重滞后于城乡规划建设管理工作的实际需要。在48项标准中，至今已发布实施了《城市规划基本术语标准》《城市规划制图标准》《城市用地分类与规划建设用地标准》《城市用地分类代码》《城市用地评定标准》《城市规划工程地质勘查规范》《历史文化名城保护规划规范》《城市水系规划规范》《城市用地竖向规划规范》《城市公共设施规划规范》《城市居住区规划设计规范》《城市道路交通规划设计规范》《城市工程管线综合规划规范》《城市给水工程规划规范》《风景名胜区规划规范》《镇规划标准》等26项标准，占拟制定标准的54%；仍在编制的22项，其中一些标准的编制任务已经下达10年之久，承编单位积极性不高，人力和财力投入不够，是导致标准制定工作滞后的根本原因。

城乡规划标准制定工作的滞后，已经影响到城乡规划的制定和实施管理的科学、合理和有效，影响到城市建设与发展的科学、合理和有序。随着《城乡规划法》的贯彻实施，城乡规划标准体系地位的日益重要，必须采取切实有效的措施保证城乡规划标准体系制定工作高质量、高效率地推进。

一是要提高重视程度，加强组织领导，加大标准体系制定工作的人力和财力投入，调动科研技术机构的积极性和主动性，加快工作进度，提高工作质量和效率。

二是要结合当前城乡规划制定和实施管理的需要，及时修订现行标准，加快在编标准的工作进度，抓紧其他标准的前期研究和开题立项工作。

三是要建立标准制定工作的督促和制约机制。对于已立项编制的标准，要制定严格的定期检查验收制度，保证各项标准按计划完成任务。对于不重视、不认真、不按要求开展工作的承编单位，要给予必要的惩处，如通报批评、警告等。

第二部分

分章详解

第一章　总　则

一、城乡规划的基本概念

城乡规划是各级政府统筹安排城乡发展建设空间布局，保护生态和自然环境，合理利用自然资源，维护社会公正与公平的重要依据，具有重要公共政策的属性。城乡规划是一项全局性、综合性、战略性的工作，涉及政治、经济、文化和社会生活等各个领域。制定好城市规划，要按照现代化建设的总体要求，立足当前，面向未来，统筹兼顾，综合布局。要处理好局部与整体、近期与长远、需要与可能、经济建设与社会发展、城市建设与环境保护、进行现代化建设与保护历史遗产等一系列关系。通过加强和改进城市规划工作，促进城市健康发展，为人民群众创造良好的工作和生活环境。根据《城乡规划法》，城乡规划是以促进城乡经济社会全面协调可持续发展为根本任务、促进土地科学使用为基础、促进人居环境根本改善为目的，涵盖城乡居民点的空间布局规划。

《城乡规划法》中所称的城乡规划，包括城镇体系规划、城市规划、镇规划、乡规划和村庄规划。城市规划、镇规划分为总体规划和详细规划。详细规划分为控制性详细规划和修建性详细规划。

这部法律确定的法定城乡规划体系，体现了一个突出特点，即一级政府、一级规划、一级事权，下位规划不得违反上位规划的原则。规划作为政府的职能，第一不能超越其行政辖区，第二不能超越法定的行政事权。如果把城镇看作空间上的一个点，把国家、省、县看作空间上的一个面，则可把城市、镇、村庄的规划理解为对点上建设的管理，把国家、省、县的规划理解为是从面的层次上协调若干点上的建设开发活动。两方面的职责都是不可缺少的。

上级政府与下级政府之间，也同样存在点与面的关系。市县政府需要协调乡镇的发展，省（自治区）政府需要协调市县的发展，中央政府需要协调各省区的发展。各级政府都要从实施科学管理的需要出发，制定和实施本级政府的规划。国家、省、县要制定协调多个次一级行政地域单元空间发展的城镇体系规划，市、镇、乡要制定本行政区域的总体规划和详细规划。

二、城镇体系规划

城镇体系规划是政府综合协调辖区内城镇发展和空间资源配置的依据和手段。要明确城镇体系规划的任务，首先需要明确政府在综合协调区域城镇发展方面究竟有哪些职责。

由于管理体制上的局限性，使得城市规划的编制往往更加重视城市自身发展的优化，而较少关注与区域发展的协调。但是，局部最优不等于整体最优，有时，局部最优甚至可能是以牺牲整体利益为代价的。因此，需要从整体上对局部的发展进行调控，避免局部的发展损害整体利益或其他个体的利益。从另一个角度讲，城市的发展也需要有一个良好的大区域环境，才能降低发展的成本，获取"双赢"。例如，环境的保护必须通过相当范围区域内大家共同的努力来实现基础设施、公共设施的共建共享，资源的共同开发和保护等等，将对局部的良性发展提供基础条件。而这都需要以区域为整体的统筹规划，需要兼顾各方利益的综合协调和组织。

区域性的规划协调要以尊重城市和镇政府依法享有的规划管理的决策自主权为前提。只要不损害区域整体利益、不影响区域的长远发展，在不违背上位规划要求的前提下，城市和镇对其自身的发展建设享有充分的自主权。上级政府进行规划协调的重点是区域发展中的共性问题和各地方发展中出现的矛盾，主要包括：协调和处理区域中各城市发展的矛盾和问题，控制对区域整体发展不利的开发活动，保护资源和生态环境，保障可持续发展；综合安排区域基础设施和公共服务设施，实现共建共享，防止重复建设，降低区域开发成本，提高整体竞争力。

城镇体系规划将为政府进行区域性的规划协调提供科学的、行之有效的依据，包括：确定区域城镇发展战略，合理布局区域基础设施和大型公共服务设施，明确需要严格保护和控制的区域，提出引导区域城镇发展的各项政策和措施。

《城乡规划法》在总结以往城镇体系规划工作经验的基础上，从引导城镇化健康发展的目标出发，按照城乡统筹的原则，明确了与政府事权相对应的城镇体系规划层次。《城乡规划法》规定，要制定全国城镇体系规划和省域城镇体系规划，其主要目的，一是从区域整体出发，统筹考虑城镇与乡村的协调发展，明确城镇的职能分工，引导各类城镇的合理布局和协调发展；二是统筹安排和合理布局区域基础设施，避免重复建设，实现基础设施的区域共享和有效利用；三是限制不符合区域整体利益和长远利益的开发活动，保护资源，保护环境。同时，《城乡规划法》第十八条规定，乡规划还应当包括本行政区域内的村庄发展布局。

由于我国推行整县改市、整乡改镇的市、镇建制模式，还有许多中心城市是实行市带县的行政管理体制的地级市，为了贯彻落实城乡统筹的规划要求，协调市域（镇域）范围内的城镇布局与发展，在制定城市规划和镇规划时，应制定市域（镇域）城镇体系规划，作为中心城市及相应地方其他市、镇、乡的规划依据。在制定县政府驻地镇的规划时，要制定县域城镇体系规划。城镇体系规划的实施途径，一是作为相应地方政府指导城镇化和城镇发展的政策依据；二是规范和约束下一级地方城乡规划的制定和实施。根据实施规划的需要和执行国家产业政策的需要，省级城乡规划主管部门应依据城镇体系规划，对批准或核准的区域性建设项目发选址意见书。

政府在审批城乡规划时，应依据城镇体系规划，要求下位规划要符合城镇体系规划提出的城镇化发展战略和发展目标等指导性内容，深化和落实资源利用控制指标、生态环境保护措施等强制约束性内容。

监督城镇体系规划的实施是城乡规划督察员的重要督察内容。

三、城市总体规划

城市规划涉及城市的政治、经济、文化和社会生活等各个领域，是一项全局性、综合性、战略性的工作，在指导城市有序发展、提高建设和管理水平等方面发挥着重要的先导和统筹作用。在新中国的城市规划发展历史中，城市规划占有十分重要的地位，《城市规划法》就对城市规划的内容和制定作出了比较明确的规定。近年来，随着社会主义市场经济体制的建立和逐步完善，适应形势的发展要求，我国城市总体规划的编制组织、编制内容等都进行了必要的改革与完善。城市总体规划已经成为指导与调控城市发展建设的重要公共政策之一。

城市总体规划是一定时期内城市发展目标、发展规模、土地利用、空间布局以及各项建设的综合部署和实施措施，是引导和调控城市建设，保护和管理城市空间资源的重要依据和手段。经法定程序批准的城市总体规划文件，是编制近期建设规划、详细规划、专项规划和实施城市规划行政管理的法定依据。各类涉及城乡发展和建设的行业发展规划，都应符合城市总体规划的要求。

制定城市总体规划必须贯彻"三个代表"重要思想和科学发展观，按照构建社会主义和谐社会的要求，正确处理好局部与整体、近期与长远、经济建设与社会发展、城市建设与环境保护之间的关系。推动城市发展模式从粗放型向集约型转变，促进经济、社会与资源环境协调可持续发展。

各地在城市总体规划制定工作完成后，还可根据本地实际，编制分区规划和规划控制单元，对局部地区的土地利用、人口分布、公共设施、城市基础设施的配置等方面作进一步安排，将总体规划的内容深化和细化，加强对详细规划制定工作的指导和控制。

四、镇总体规划

镇是连接城乡的纽带和桥梁，是我国城乡居民点体系的重要组成部分，同时镇政府也是我国农村地区的基层政权组织。1998年，党的十五届三中全会通过的《中共中央关于农业和农村若干重大问题的决定》中明确提出："发展小城镇，是带动农村经济和社会发展的大战略"，"是推进我国城镇化的重要途径"。实践证明，小城镇的快速发展是实现农村工业化和农业现代化的重要载体与依托，小城镇已经成为农村富余劳动力就地转移的"蓄水池"，成为培育农村市场体系、实现农业产业化经营的基地。随着经济社会的发展，镇在促进城乡协调发展中的地位和作用越来越明显。十九大报告指出，以城市群为主体构建大中小城市和小城镇协调发展的城镇格局，加快农业转移人口市民化。

镇总体规划包括县人民政府所在地镇的总体规划和其他镇的总体规划。

镇总体规划是对镇行政区内的土地利用、空间布局以及各项建设的综合部署，是管制空间资源开发、保护生态环境和历史文化遗产、创造良好生活生产环境的重要手段，在指导镇的科学建设、有序发展，充分发挥规划的协调和社会服务等方面具有先导作用。

制定和实施镇总体规划，必须以建立构建资源节约型、环境友好型城镇，构建和谐社会、服务"三农"、促进社会主义新农村建设为基本目标，坚持城乡统筹原则。要落实城市总体规划等上位规划对镇发展的战略要求，统筹考虑镇在市（县）域产业发展、功能配置、城镇空间中的地位与作用，明确发展方向与目标；要依据自身区位、资源与特点，分类指导、突出优势；要完善并提高农村地区的设施建设与服务水平；要注重资源节约和生态环境保护，尊重地方与民族特色和优良传统，促进镇的经济、社会、环境的协调可持续发展。

城市人民政府在编制城市总体规划时，可根据需要，将那些与中心城区关系紧密的镇的总体规划同期编制。

五、城市、镇详细规划

编制详细规划是以城市总体规划、镇总体规划为依据，对一定时期内城镇局部地区的土地利用、空间环境和各项建设用地指标作出具体安排。详细规划分为控制性详细规划和修建性详细规划。

其中，控制性详细规划是引导和控制城镇建设发展最直接的法定依据，是具体落实城市、镇总体规划各项战略部署、原则要求和规划内容的关键环节。

制定控制性详细规划应当注意的问题包括：

第一，要保证工作的及时、到位。城市、镇人民政府必须坚决按照法律规定的"先规划后建设"的重要原则，高度重视控制性详细规划的制定工作，保证控制性详细规划编制人力、财力的投入，高效、高质量地编制控制性详细规划，保证规划在城镇发展建设中的先导和统筹作用，切实做到以依法定程序批准的控制性详细规划指导土地的划拨、出让和开发建设，保证城镇建设健康有序进行。

第二，要保证控制性详细规划在空间范围上的有效覆盖，根据各阶段城镇旧城改造和新区开发的重点，分片区、分阶段推进控制性详细规划的编制工作。要保证控制性详细规划超前覆盖到城镇发展所使用的每一块建设用地，注意优先开展近期建设规划涉及地块的规划编制工作；同时也应当注意，一方面实现规划的适度超前是必要的，另一方面由于法律对控制性详细规划的修改作出了十分严格的程序规定，如果过于简单地强调控制性详细规划的"全覆盖"，对远期发展的建设用地的控制性规定可能会出现针对性差而又不易修改的问题。

第三，要保证工作程序中每一个环节的深度要求。编制工作要在全面、深入研究和分析的基础上进行，要注意与近期建设规划、国民经济和社会发展五年规划相衔接，要深入理解和把握城市、镇总体规划的有关内容要求，深入分析和研究编制控制性详细规划的地块与城镇整体在环境、容量、景观、相邻关系等方面的协调，科学确定各项控制指标和建设要求，以科学的规划保证规划的权威性和严肃性。

第四，要加强控制性详细规划制定和实施过程中的公众参与。2007年10月1日开始实施的《中华人民共和国物权法》（以下简称《物权法》）加强了对私人和集体产权的保护。控制性详细规划作为城镇政府直接调控城镇建设的公共政策，必须通过公示和公告，广泛征求各方意见，促进规划的实施，保证各利益团体的合法产权。

第五，加强控制性详细规划对土地出让和开发建设的综合调控。必须明确：国有土地使用权的出让必须在控制性详细规划的指导下进行，没有经法定程序批准的控制性详细规划，该地块的国有土地使用权不得出让；国有土地使用权出让前，必须由城乡规划主管部门依据控制性详细规划提出规划设计条件，并纳入土地出让合同，否则土地出让合同无效；土地出让后的开发建设过程中，建设主体和任何部门，不经法定程序，不得随意修改规划设计条件中的任何控制指标。

对于当前要进行建设的地区，应当编制修建性详细规划。修建性详细规划的主要任务是依据控制性详细规划确定的指标，编制具体的、操作性的规划，作为各项建筑和工程设施设计和施工的依据。

六、乡规划和村庄规划

乡人民政府是我国农村地区的基层政权组织。村庄是农村居民生活和生产的聚居点。近年来，随着各地贯彻落实党中央、国务院提出的一系列解决"三农"问题的政策措施，农民收入实现了较快增长，农民的生活方式发生了变化。但与实现全面建设小康社会的目标相比，农村各项事业的发展还存在着较大差距，农民的生活质量不高，乡村各项设施建设依然落后。

乡规划和村庄规划是做好农村地区各项建设工作的先导和基础，是各项建设管理工作的基本依据，对改变农村落后面貌，加强农村地区生产生活服务设施、公益事业等各项建设，推进社会主义新农村建设具有重大意义。《城乡规划法》明确了乡规划和村庄规划的编制组织、编制内容、编制程序等，确立了乡规划和村庄规划的法律地位。

制定乡和村庄规划，要充分考虑农民的生产方式、生活方式和居住方式对规划的要求，合理确定乡和村庄的发展目标与实施措施，节约和集约利用资源，保护生态环境，促进城乡可持续发展。

制定和实施乡和村庄规划，应当以服务农业、农村和农民为基本目标，坚持因地制宜、循序渐进、统筹兼顾、协调发展的基本原则。一是从农村实际出发，尊重农民意愿，科学引导，体现地方和农村特色；二是坚持以促进生产发展、服务农业为出发点，处理好社会主义新农村建设与工业化、城镇化快速发展之间的关系，加快农业产业化发展，改善农民生活质量与水平；三是加强农村基础设施、生产生活服务设施建设以及公益事业建设的引导与管理；四是贯彻"节水、节地、节能、节材"的建设要求，保护耕地与自然资源，促进广大乡村地区的可持续发展。

七、制定乡规划和村庄规划的必要性与适当性

1993 年 6 月国务院发布了《村庄和集镇规划建设管理条例》，对于加强城市和乡村的规划、建设与管理，遏制城市和乡村的无序建设等问题，起到了重要作用。但是，经过 10 多年来的发展变化，我国乡村规划工作也面临着一些新问题：一是城乡分割的规划管理制度不能适应城镇化快速发展的需要，由于城乡二元化的规划管理体制，实践中由两个部门分别负责城市规划和乡村规划的编制管理，客观上使得城市和乡村规划之间缺乏统筹考虑和协调。这种就城市论城市、就乡村论乡村的规划制度与实施模式，已不能适应城镇化快速发展的需要；二是乡村规划制定和实施的管理相对滞后，农村建设量大面广，加上乡村规划管理力量薄弱，管理手段不足，难以应对日益增加的农民住宅、公益设施和乡镇企业等建设的要求，乡村中无序建设和浪费土地的现象严重。一些乡村虽然制定了规划，但由于没有体现农村特点，难以满足农民生产和生活的需要。

为了落实城乡统筹发展的要求和建设社会主义新农村的需要，必须做到规划先行、全盘考虑、统筹协调，避免盲目建设，从根本上改变农村建设中存在的没有规划、无序建设和土地资源浪费的现象。对此，《城乡规划法》对乡规划和村庄规划的制定和实施也作出了相应规定，如明确乡规划和村庄规划的编制主体、编制程序、内容及实施等内容。但是，编制乡规划和村庄规划也要考虑我国城乡发展不平衡、东西部发展不平衡的实际情

况，区分这些情况，作出符合实际的规定。规定城市和镇应依法制定规划，并严格按规划进行建设，是必要的。乡和村庄的情况则与城市和镇有较大不同，要求所有乡和村庄，特别是中西部地区的乡和村庄都要编制乡村规划，按照规划进行建设，目前还难以做到。如果作出统一的法律规定，难免流于形式，因此，《城乡规划法》第三条对城镇和乡村规划的编制作出了区别规定："城市和镇应当依照本法制定城市规划和镇规划。城市、镇规划区内的建设活动应当符合规划要求。县级以上地方人民政府根据本地农村经济社会发展水平，按照因地制宜、切实可行的原则，确定应当制定乡规划、村庄规划的区域。在确定区域内的乡、村庄，应当依照本法制定规划，规划区内的乡、村庄建设应当符合规划要求。县级以上地方人民政府鼓励、指导前款规定以外的区域的乡、村庄制定和实施乡规划、村庄规划。"这些规定体现了因地制宜、分类指导的思想，也要求各地要尽快根据法律规定，按照本地的实际情况，明确乡村规划制定的具体要求。

八、划定规划区的目的及其划定原则

《城乡规划法》第二条规定，规划区是指城市、镇和村庄的建成区以及因城乡建设和发展需要，必须实行规划控制的区域。

规划区的具体范围由有关人民政府在组织编制的城市总体规划、镇总体规划、乡规划和村庄规划中，根据城乡经济社会发展水平和统筹城乡发展的需要划定。划定城乡规划区，要坚持因地制宜、实事求是、城乡统筹和区域协调发展的原则，根据城乡发展的需要与可能，深入研究城镇化和城镇空间拓展的历史规律，科学预测城镇未来空间拓展的方向和目标，充分考虑城市与周边镇、乡、村统筹发展的要求，充分考虑对水源地、生态控制区廊道、区域重大基础设施廊道等城乡发展的保障条件的保护要求，充分考虑城乡规划主管部门依法实施城乡规划的必要性与可行性，综合确定规划区范围。规划区是城乡规划、建设、管理与有关部门职能分工的重要依据之一。划定规划区应按照科学性、系统性的原则，统筹兼顾各方要求，采取定性与定量相结合的方式，进行方案比选，听取各方意见，科学论证后最终确定。

在城乡规划的制定工作中，要结合本地实际，因地制宜，根据城乡规划制定和实施管理的工作需要，科学划定城乡规划区范围。近年来，我国的一些中心城市，如北京市、天津市、上海市、重庆市、深圳市等，从加强城乡统筹和区域统筹的需要出发，在修编城市总体规划时，将全市域范围都纳入规划区，加强对市域范围的统一规划和整体协调，市域范围内的各级城乡规划主管部门按照统一的规划实施建设管理。实践证明，这种做法有利于提升全市的整体规划水平，促进了城乡统筹发展和市域协调发展，体现了《城乡规划法》的基本立法精神。

划定规划区应当遵循的主要原则包括：

一是要坚持科学发展观的原则。综合考虑当地城乡经济社会发展的实际水平与发展需要，既要为今后的发展提供空间准备，保障可持续发展目标要求的实现，又要注重经济发展与人口、资源、环境的协调，促进集约、优化利用土地与自然资源，防止引发城乡发展建设的盲目性、无序性。

二是要坚持城乡统筹发展的原则。将具有密切联系的市、镇、乡和村庄纳入统一的规划，实施统一规划前提下的管理，加强市、镇基础设施向农村地区延伸和社会服务事业向农村覆盖，保证一定空间距离范围内的城市、镇、乡和村庄在资源调配、生活供应、设施共享等方面能够实现相互依存、紧密联系，避免各自为政、重复建设、资源浪费。

三是要坚持因地制宜、实事求是的原则。根据城乡发展的需要与可能，深入研究城镇化和城市空间拓展的历史规律，科学预测城市未来空间拓展的方向和目标，充分考虑城市与周边镇、乡、村统筹发展的要求，充分考虑对水源地、生态廊道、区域重大基础设施廊道等城乡发展的保障条件的保护要求。

四是要坚持可操作性原则，保证规划区范围位于相应层级的行政管辖范围内，在一般情况下应是一个用封闭线所围成的区域，并且以完整的行政管辖区为界限，以便于规划的实施管理。

必须强调的是，在已经确定的规划区内，必须实行严格的规划管理，一切建设活动必须依法符合城乡规划，服从城乡规划管理。

九、制定和实施城乡规划必须遵循的基本原则

城乡规划工作必须遵循城乡建设和发展的客观规律，立足国情，面对现实，面向未来，因地制宜，统筹兼顾，综合部署；必须坚持以经济建设为中心，科学确定城市和村镇的性质、发展方向、规模和布局，统筹安排各项基础设施建设；必须坚持科学发展观和可持续发展战略，合理和节约利用土地资源；必须坚持先规划后建设，正确处理近期建设与长远发展、局部利益与整体利益、经济发展与环境保护、现代化建设与历史文化保护等关系；必须坚持依法管理，逐步实现城乡规划的法制化。

制定和实施城乡规划应当遵循的基本原则为：

第一，城乡统筹原则。《城乡规划法》第二条规定，城乡规划包括城镇体系规划、城市规划、镇规划、乡规划和村庄规划。在第十三条、第十七条、第十八条中明确了上述规划的内容，建

立了城乡统筹的城乡规划体系，体现了党的十七大提出的"城乡、区域协调互动发展机制基本形成"的目标要求，有利于在规划的制定和实施过程中将城市、镇、乡和村庄的发展统筹考虑，促进城乡居民享受公共服务的均衡化。城乡规划编制单位必须按照城乡统筹的要求，根据各类规划的内容要求与特点，认真编制好相关规划。

第二，合理布局原则。合理布局是城乡规划制定和实施的重要内容。《城乡规划法》明确省域城镇体系规划要有城镇空间布局和规模控制内容，城市和镇总体规划要有城市、镇的发展布局、功能分区、用地布局的内容。编制城乡规划，要从实现空间资源的优化配置，维护空间资源利用的公平性，促进能源资源的节约和利用，保障城市运行安全和效率方面，综合研究城镇布局问题，促进大中小城市和小城镇协调发展，促进城市、镇、乡和村庄的有序健康发展。

第三，节约土地原则。《城乡规划法》第四条明确规定应当保护耕地等自然资源。在规划区内进行建设活动，应当遵守土地管理、自然资源和环境保护等法律、法规的规定。要切实改变铺张浪费的用地观念和用地结构不合理的状况，始终把节约和集约利用土地、严格保护耕地作为城乡规划制定与实施的重要目标，要根据产业结构调整的目标要求，合理调整用地结构，提高土地利用效益，促进产业协调发展。

第四，集约发展原则。党的十七大提出"建设生态文明，基本形成节约能源资源和保护生态环境的产业结构、增长方式、消费模式"。编制城乡规划，必须充分认识我国长期面临的资源短缺约束和环境容量压力的基本国情，认真分析城镇发展的资源环境条件，推进城镇发展方式从粗放型向集约型转变，建设资源节约环境友好型城镇，增强可持续发展能力。

第五，先规划后建设原则。坚持"先规划后建设"，是《城乡规划法》确定的基本原则。这是根据我国城乡建设快速发展的实际，从保障城镇发展的目标出发而提出的。坚持这一基本原则，一是各级人民政府及其城乡规划主管部门要严格依据法定的事权，及时制定城乡规划，加强规划的实施管理与监督；二是要严格依据法定程序制定和修改城乡规划，保证法定规划的严肃性；三是要严格依据法律规定，充分发挥法定规划对土地使用的指导和调控，促进城乡社会有序发展。

十、城乡规划与相关规划的协调关系

城乡规划的基本属性决定了它是一种综合性的规划。国民经济规划、社会发展规划与土地利用总体规划对经济社会发展具有重要的调控和指导意义，同样也是具有综合性的规划。这三者虽然分别侧重于不同的功能，但相互之间又具有十分密切的关联。因此，《城乡规划法》规定，城市总体规划、镇总体规划以及乡规划和村庄规划的编制，应当依据国民经济和社会发展规划，并与土地利用总体规划相衔接。

从宏观管理层面上讲，在有关发展目标、生产力布局、产业发展方向、人口、城乡建设与环境保护等方面的内容上，城乡规划与国民经济和社会发展规划的关系密切，并且是相辅相成的。在市场经济体制下，国家通过制定经济制度与政策，加强和改善宏观调控管理，国民经济和社会发展规划与城乡规划都是政府促进科学发展、统筹协调利益、制定总体目标的手段。两个规划都不是一般的部门规划，而是由政府直接组织编制的规划，其具体内容，包括发展目标和发展规模等，都要通过人大进行审议。编制总体规划与近期建设规划时，要将国民经济和社会发展规划提出的发展目标等作为重要依据，同样，城乡规划（包括近期建设规划和总体规划）确定的空间布局、基础设施与公共设施建设目标等也对国民经济和社会发展规划构成基本依据。在发展建设的管理上，应当以国民经济和社会发展年度计划和城乡近期建设规划为依据。建设项目的选址和布局则必须符合城乡规划的要求。

从合理利用国土资源，促进经济、社会和环境的全面协调可持续发展等宏观规划的目标上，城乡规划与土地利用规划是一致的。《中华人民共和国土地管理法》（以下简称《土地管理法》）第二十一条对城乡规划与土地利用规划的衔接关系作出了明确规定，城市总体规划、镇总体规划、乡和村庄规划中建设用地规模不得超过土地利用总体规划确定的城市和镇、乡、村庄建设用地规模，同时城乡规划确定的规划区内的建设用地必须符合相应的城乡规划。

在具体的侧重点上，城乡规划与土地利用规划有所差别。土地利用规划主要是以保护土地资源为主要目标，在宏观层面上对土地资源及其利用进行功能划分和控制；城乡规划则侧重规划区内土地和空间资源的合理利用，保证规划区内建设用地的科学使用是城乡规划工作的核心。法定城乡规划体系中的城镇体系规划、总体规划等确定的经济社会发展目标及空间布局等内容，也为土地利用规划提供宏观依据。从制定和审核的程序看，负责制定和实施国土规划、土地利用规划的国土资源部门有责任参与城乡规划的编制与审核等工作，而城乡规划主管部门也要参加国土规划和土地利用规划的编制、审核等工作。

十一、城乡规划工作必要的经费和技术保障

城乡规划工作需要不断调整以适应复杂多变的社会经济发展

要求，理论的探索和技术创新是推进城乡规划工作的基本保障。按照中国国家标准《学科分类与代码》（GB/T 13745—92）中的分类，城乡规划方法与理论（560.4020）已被纳入国家标准学科群。各高校纷纷设立了城市规划学科，国家、省、市设立了城市规划设计研究机构，推动城市规划原理研究和理论探索的不断深化、城市规划编制方法和技术的不断创新和城市规划人员培养的持续进行。城乡规划在法律法规制定、编制体系完善、编制办法探索、学科体系建设、专业人员培养等若干方面，已经形成了相对完整的技术体系。

城乡规划在编制、审批、实施、监督的各个环节都必须保证必要的经费支持，如城乡规划的编制，需要进行大量调查研究、分析整理、绘制彩图、文案写作等工作，并需要反复修改和调整，规划编制往往是费用支出最大的部分。而城乡规划的审批、实施和监督检查也都需要相当数量的技术人员和行政人员进行具体工作，这些都要有必要的工作经费作为保障。针对这种情况，《国务院关于加强城乡规划监督管理的通知》（国发〔2002〕13号）中规定：各级人民政府要健全城乡规划管理机构，把城乡规划编制和管理经费纳入公共财政预算，切实予以保证。《城乡规划法》将这个规定法定化。同时必须强调的是，要根据具体情况，有效地提高规划经费的使用效率，一些地方出现的不顾实际情况，盲目搞所谓的规划方案"国际竞赛招标"，造成大量规划经费的浪费，这种现象不符合国家政策，不宜提倡。

十二、城乡规划的公开化与公众参与制度

在计划经济体制下，城乡规划被认为是一个技术问题，参与其中的主要是政府部门和相关的技术人员，社会和公众基本处于

事后被告知的地位。随着社会主义市场经济体制的建立与完善，城乡规划工作地位的日益重要，其公共政策的属性越来越强，城乡规划的制定和实施过程中，需要更多注意在维护公共利益的同时关注私人权益的保障，更加关注协调处理好公共管理与私人权利之间的关系，这在客观上要求城乡规划制定与实施的全过程要有全社会的共同参与，以保证城乡规划工作的权威性和严肃性。

《城乡规划法》确立的城乡规划的公开化与公众参与制度，对我国城乡规划的制定和实施工作提出了全新的、更高的要求，因而是一项具有深远意义的、非常重要的制度。之所以要确立这项制度，首先是为了落实宪法中关于公众参与管理国家事务的权利，同时也由于在制定和实施城乡规划的过程中，所涉及的城乡发展远期方向与近期目标，不仅关系到是否符合科学发展的要求，是否符合公众利益，也直接关系到公众切身利益，只有在规划编制和实施的过程中遵循公开、民主的原则，广泛征求各行各业和广大人民群众的意见，真正增强规划制定和实施的民主性，才有可能保证城乡规划工作的科学性和权威性，并不断提高公众的规划意识、参与意识和监督意识。

《城乡规划法》关系着各行各业的发展，直接关系着广大人民群众的切身利益。为了增强规划编制的科学性和民主性，保证规划的顺利实施，就需要在规划编制和实施的过程中遵循公开、民主的原则。《城市规划法》对这一原则已经作出过相关规定，如第二十八条规定："城市规划经批准后，城市人民政府应当公布。"《城市规划法》实施10多年来的实践证明，在规划编制、实施的过程中贯彻公开、民主的原则，有利于提高公众的规划意识、参与意识和知法守法的自觉性，便于公众对规划进行监督。

《城乡规划法》在总结国内经验并参照国外成功做法的基础上，对贯彻城乡规划公开化的原则作出了明确的规定，除要求城乡规划的组织编制机关应当及时公布经依法批准的城乡规划外，为适应建设社会主义和谐社会和发展社会主义民主政治的新要求，还强化了城乡规划制定和实施中体现公众参与，加强公众监督，保障公众知情权的规定，使得广大公众对城乡规划的制定、修改和实施有了畅通的反映和表达意见、建议的渠道，构成对城乡规划公正性、公平性和科学性的有力保障。

明确城乡规划公开化和公众参与制度的意义，一是确保社会公众对城乡规划的知情权，可以保证公众的有效参与，在这方面，各地已经作了不少有益的探索，如许多城市在总体规划制定过程中，通过规划展览馆设展，鼓励公众提出意见和建议，如深圳市在制定法定图则的程序中规定要采取网上公示和张贴的方式，征求利益相关人的意见等；二是确保社会公众对城乡规划的参与权，可以保证公众的有效监督，从而推动城乡规划的制定、修改和实施从专业人员走向大众，使得城乡规划不再局限在行政与专业之内，在最大程度上减少城乡建设中的失误；三是确保社会公众对城乡规划的监督权，有利于推动社会主义和谐社会的建设，特别是一些事关民生的公共设施和公益设施的规划建设，充分征求公众的意见，直接听取利害相关人的意见，有利于化解各方矛盾，最大限度地取得广大人民群众的认可。

《城乡规划法》中关于城乡规划公开化和公众参与制度的具体措施包括：

一是在规划的编制过程中，要求组织编制机关应当先将城乡规划草案予以公告，并采取论证会、听证会或者其他方式征求专家和公众意见，并在报送审批的材料中附具意见采纳情况及理由。

二是在规划的实施阶段，要求城市、县人民政府城乡规划主管部门或者省、自治区、直辖市人民政府确定的镇人民政府应当将经审定的修建性详细规划、建设工程设计方案的总平面图予以公布。城市、县人民政府城乡规划主管部门批准建设单位变更规划条件的申请的，应当将依法变更后的规划条件公示。

三是在修改省域城镇体系规划、城市总体规划、镇总体规划时，组织编制机关应当组织有关部门和专家定期对规划实施情况进行评估，并采取论证会、听证会或者其他方式征求公众意见，向本级人大常委会、镇人民代表大会和原审批机关提出评估报告时应附具征求意见的情况。

四是在修改控制性详细规划、修建性详细规划和建设工程设计方案的总平面图时，城乡规划主管部门应当征求规划地段内利害关系人的意见。

五是任何单位和个人有查询规划和举报或者控告违反城乡规划的行为的权利。

六是进行城乡规划实施情况的监督后，监督检查情况和处理结果应当公开，供公众查阅和监督。

这些措施保证了公众对城乡规划的参与权、知情权，增强了他们参与规划的积极性，加强了对城乡规划工作的社会监督。

需要指出的是，《城乡规划法》确定的城乡规划公开化和公众参与制度，对现有城乡规划工作机制提出了更高的要求，在城乡规划工作的很多方面都将面临一些新的情况和问题，各地必须高度重视工作可能出现的变化，要及时总结已有成功经验，结合本地实际情况，有针对性地制定具体的制度，在确保公开化与公众参与制度真正有效落实的同时，保障城乡规划工作的有序和效率。

十三、公民和单位的权利与义务

法律规定的"权利"是指法律赋予人们的某种权能，法律规定的"义务"是必须遵守、履行的某种责任。《城乡规划法》第九条规定，任何单位和个人都应当遵守经依法批准并公布的城乡规划，服从规划管理，并有权就涉及其利害关系的建设活动是否符合规划的要求向城乡规划主管部门查询。任何单位和个人都有权向城乡规划主管部门或者其他有关部门举报或者控告违反城乡规划的行为。城乡规划主管部门或者其他有关部门对举报或者控告，应当及时受理并组织核查、处理。

根据《城乡规划法》规定，单位和个人的权利主要有以下两种。

一是任何单位和个人都有权就涉及其利害关系的建设活动是否符合规划的要求向城乡规划主管部门查询。所有经法定程序批准的城乡规划，都应当及时依法公布。但是，在相当多数的情况下，单位和个人有可能不完全了解所有涉及其利害关系的建设活动是否符合规划的要求。同时，法律也鼓励居民以主人翁的精神，对城乡规划工作提出意见和建议，促进城乡规划主管部门依法行使职能。因此，法律规定任何单位和个人都有权就涉及其利害关系的建设活动是否符合规划的要求向城乡规划主管部门查询，而规划主管部门对于这种查询有责任予以配合。

二是任何单位和个人都有权向城乡规划主管部门或者其他有关部门进行举报或者控告违反城乡规划的行为。举报和控告权是宪法赋予的权利。《城乡规划法》这项规定的意义在于，由于城乡规划主管部门本身的人员和力量有限，行政机关的日常管理活动也比较复杂，行政机关几乎不可能每时每地去检查所有建设活动的合法性，而建设单位和个人从事的活动十分复杂，从事建设等活动的单位和个人分散在社会的各个角落，特别是一些进行临时建设的，只有涉及其利害关系的当事人才可能及时发现，保证尽快依法制止和处罚违法行为，减少不必要的损失。一切国家机关工作的一项重要原则，就是坚持群众路线，广泛听取群众的意见，城乡规划实施情况的监督检查是一项深入细致的工作，更需要依靠群众，借助社会力量对城乡规划的执行情况实施监督。实践证明，在城乡规划的监督管理中，很多问题都是通过社会力量的反映和举报才得以发现并最终得到有效处理的。举报和控告的具体方式，既可以用书面形式，也可以用口头形式，但应说明被举报人或者被控告人的具体违法行为等情况。

这里的"违反城乡规划的行为"，依法包括三层含义：一是建设单位或者个人虽然已经取得建设许可证，但没有按照许可证所要求的范围、条件和程序从事建设活动；二是未取得建设规划许可证而从事建设的活动；三是有关行政机关违反城乡规划核发许可证的行为。

城乡规划主管部门接到举报或者控告后，有责任及时受理并组织核查、处理。所谓核查，是指核实被举报人或者被控告人是否有违反城乡规划的行为。所谓处理，是指对确有违反城乡规划行为的被举报人或者被控告人依法作出处理。对于监督检查情况和处理结果应当依法公开，供公众查阅和监督。

《城乡规划法》规定的义务是任何单位和个人都必须遵守经依法批准并公布的城乡规划。这是指任何单位和个人在城乡规划区内使用土地进行建设，都必须按照城乡规划法的规定来约束自己的行为，不能实施违反城乡规划的建设行为，否则就必须承担相应的法律责任。具体来讲，这些义务包括：在城市、镇规划区内以划拨方式提供国有土地使用权的建设项目，必须经有关部门批准、核准、备案后，向城乡规划主管部门提出建设用地规划许可申请，并取得建设用地规划许可证；在城市、镇规划区内以出让方式提供国有土地使用权的建设项目，国有土地使用权出让合同中应当包括依据控制性详细规划作出的地块规划条件，并应当持建设项目的批准、核准、备案文件和国有土地使用权出让合同向城乡规划主管部门领取建设用地规划许可证；在城市、镇规划区内进行建筑物、构筑物、道路、管线和其他工程建设的，建设单位或者个人应当向城乡规划主管部门或者省级人民政府确定的镇人民政府申请办理建设工程规划许可证；在乡、村庄规划区内进行乡镇企业、乡村公共设施和公益事业建设的，应当向乡、镇人民政府提出申请，由乡、镇人民政府报城市、县人民政府城乡规划主管部门核发乡村建设规划许可证等。

十四、城乡规划管理体制

城乡规划管理体制是国家和地方人民政府城乡规划主管部门机构的设置、职权的划分与运行等各种制度的总称。《城乡规划法》第十一条对我国城乡规划管理体制作出了明确规定，其中，城乡规划主管部门包括：国务院城乡规划主管部门，省、自治区城乡规划主管部门，直辖市城乡规划主管部门，市的城乡规划主管部门，县的城乡规划主管部门。

贯彻落实《城乡规划法》，要求县级以上人民政府必须明确具体的城乡规划主管部门，以保证城乡规划的制定、实施、修改、监督检查等各个方面的职能依法有效行使。

第二章 城乡规划的制定

一、确定规划强制性内容的意义与原则

编制城镇体系规划、城市规划和镇规划，都必须明确强制性内容。城乡规划主管部门提供规划设计条件，审查建设项目，不得违背规划的强制性内容。

第一，确定规划强制性内容的意义。省域城镇体系规划、城市规划和镇规划涉及政治、经济、文化和社会等各个领域，内容比较综合。为了加强规划的实施及其监督，《城乡规划法》把规划中涉及区域协调发展、资源利用、环境保护、风景名胜资源管理、自然与文化遗产保护、公众利益和公共安全等方面的内容规定为强制性内容。确定规划的强制性内容，是为了加强上下规划的衔接，确保区域协调发展、资源利用、环境保护、自然与历史文化遗产保护、公共安全和公共服务、城乡统筹协调发展的规划内容得到有效落实，确保城乡建设发展能够做到节约资源，保护

环境，和谐发展，促进城乡经济社会可持续发展，并且能够以此为依据对规划的实施进行监督检查。规划的强制性内容具有以下几个特点：一是规划强制性内容具有法定的强制力，必须严格执行，任何个人和组织都不得违反；二是下位规划不得擅自违背和变更上位规划确定的强制性内容；三是涉及规划强制性内容的调整，必须按照法定的程序进行。

第二，确定规划强制性内容的原则。一是强制性内容必须落实上级政府规划管理的约束性要求。二是强制性内容应当根据各地具体情况和实际需要，实事求是地加以确定。既要避免遗漏有关内容，又要避免将无关的内容确定为强制性内容。三是强制性内容的表述必须明确、规范，符合国家有关标准。

第三，规划强制性内容的范围。根据《城乡规划法》第十七条的规定，城市总体规划、镇总体规划要确定强制性内容。从近年来的城乡规划实践看，同样有必要对省域城镇体系规划、控制性详细规划的有关强制性内容加以确定。

省域城镇体系规划的强制性内容应包括：

省域内必须控制开发的区域，包括自然保护区、退耕还林（草）地区、大型湖泊、水源保护区、分滞洪地区以及其他生态敏感区；省域内的区域性重大基础设施的布局，包括高速公路、干线公路、铁路、港口、机场、区域性电厂和高压输电网、天然气主干管与门站、区域性防洪与滞洪骨干工程、水利枢纽工程、区域引水工程等。涉及相邻城市的重大基础设施布局，包括城市取水口、城市污水排放口、城市垃圾处理场等。

城市总体规划和镇总体规划的强制性内容包括：

（1）城市、镇规划区范围；风景名胜区，自然保护区，湿地、水源保护区和水系等生态敏感区，基本农田，地下矿产资源分布地区等市域、镇域内必须严格控制的地域。

（2）规划期限内城市、镇建设用地的发展规模，根据建设用地评价确定的土地使用限制性规定；城市各类绿地的具体布局。

（3）城市、镇基础设施和公共服务设施用地。包括：城镇主干道的走向、城市轨道交通的线路走向、大型停车场布局；取水口及其保护区范围、给水和排水主管网的布局；电厂与大型变电站位置、燃气储气罐站位置、垃圾和污水处理设施位置；文化、教育、卫生、体育和社会福利等主要公共服务设施的布局。

（4）自然与历史文化遗产保护。包括：历史文化名城名镇保护规划确定的具体控制指标和规定；历史文化街区、各级文物保护单位、历史建筑群、重要地下文物埋藏区的保护范围和界线等。

（5）城市、镇防灾减灾。包括：城镇防洪标准、防洪堤走向；城镇抗震与消防疏散通道；城市人防设施布局；地质灾害防护；危险品生产储存设施布局等内容。

城市、镇控制性详细规划的强制性内容应包括：

规划地段地块的土地用途、容积率、建筑高度、建筑密度、绿化率、公共绿地面积、规划地段基础设施和公共服务设施配套建设的规定等。历史文化街区的控制性详细规划的强制性内容还应包括，重点保护地段的建设控制指标和规定，建设控制地区的建设控制指标等。

二、下位规划不得违背上位规划的意义

自《城市规划法》颁布以来，省域城镇体系规划、城市总体规划及其分区规划和详细规划、村镇规划等各个层面、各种类型的规划制定和实施广泛开展，在实际工作中发挥了重要的指导作用，逐渐形成完整的、相互联系的城乡规划体系。《城乡规划

法》进一步明确了城乡规划体系的基本框架，规定城乡规划包括城镇体系规划、城市规划、镇规划、乡规划和村庄规划，并对应于各级政府管理事权。在城乡规划体系中，下位规划不得违背上位规划是必须遵循的重要原则之一，有利于理解各层次规划之间的相互关系，具有十分重要的现实意义。

第一，上位规划体现了上级政府的发展战略和发展要求。按照一级政府、一级事权的政府层级管理体制，上位规划代表了上一级政府对空间资源配置和管理的要求。因此，下位规划不得违背这些原则和要求，并要将上位规划确定的规划指导思想、城镇发展方针和空间政策贯彻落实到本层次规划的具体内容中。

第二，上位规划代表了区域整体利益和长远利益。随着我国城镇化和城市发展呈现出网络化、区域化的发展态势，单个城市将在更大范围内受相关城市和区域发展的影响和制约。上位规划从区域整体出发，编制内容体现了整体利益和长远利益，下位规划不得违背上位规划确定的保护原则和规模控制，要落实实行空间管制的区域，进一步深化和细化保护要求和保护措施。

第三，上位规划有助于协调和解决城乡之间的矛盾和问题。上位规划全局性、综合性、战略性、长远性更强，更加重视城乡区域协调有序发展和整体竞争力的提高；在整体发展的同时更强调资源和环境保护，限制单个城市进行不利于区域整体的开发活动，实现可持续发展。上位规划从区域视野出发，制定各城镇必须遵守的发展建设行动准则，有利于减少下位规划在资源分配和布局上的矛盾和冲突，有利于解决单个城市解决不了、解决不好的问题。

按照完善社会主义市场经济体制的要求，要合理划分中央和地方经济社会事务的管理责权，属于全国性和跨省（自治区、直辖市）的事务，由中央管理。属于各地行政区域的地方性事务，由地方管理。按照上述要求，在下一层次规划不得违背上一层次规划的原则下，还应注意明确各级政府在组织编制和审批城乡规划、实施城乡规划方面的权力和责任，实现清晰的一级政府、一级事权。中央政府，省级政府，市、县政府依法行使各自的规划管理事权。上级政府应将规划的重点放在关系整个行政地域发展的战略性、全局性的内容上，通过规划，加强对地方资源和生态环境的保护，加强对区域性基础设施布局的约束和引导。在同级行政单元内，要明确局部规划不得违背总体规划的原则。在近年的城市规划建设实际工作中，个别城市在制定近期建设规划和详细规划时，突破城市总体规划确定的建设用地规模和范围，不符合城市总体规划要求的近期建设规划和详细规划指导开发和建设，导致城市发展建设无序进行，乱占滥用土地，严重损害了城市规划的依法行政。因此，法律规定下位规划必须符合上位规划的要求，是保证城乡规划权威性、严肃性，保证城乡规划依法行政，保证城乡发展和建设科学有序进行的重要原则。

三、编制全国城镇体系规划的重要意义

全国城镇体系规划是统筹安排全国城镇发展和城镇空间布局的宏观性、战略性的法定规划，是国家制定城镇化政策、引导城镇化健康发展的重要依据，也是编制、审批省域城镇体系规划和城市总体规划的依据。

制定全国城镇体系规划，有利于坚持有中国特色的城镇化道路。城镇化是一个国家经济结构、社会结构、人口结构、空间结构发生深刻变革的过程，是国家走向工业化、现代化的必经历史阶段。我国正处于城镇化快速发展时期，并在未来一段时间内仍将保持城镇化发展动力。发达国家的经验证明，城镇化快速发展阶段也是发展与保护矛盾最尖锐的时期。我国人口多，底子薄，

发展不平衡，如何在实现经济增长、社会发展的同时，保护好资源、环境，缓解城乡和区域差异问题，促进城乡协调健康有序发展至关重要。制定全国城镇体系规划，就是从全国层面对城镇的长远发展和整体布局进行统筹安排，更好地配置资源和生产要素，形成协调发展的城镇体系和合理的城镇空间格局，引导国家城镇化发展的规模、速度、节奏与我国人口资源环境相适应，与经济社会发展水平相协调。

制定全国城镇体系规划，有利于加强中央政府对城镇发展的宏观调控。改革开放以来，城镇在我国经济发展、社会进步和综合国力提高等方面的地位越来越突出，核心作用增强。但同时，由于对城镇化发展的客观规律性和我国城镇发展的特殊性缺乏深入理解认识和系统研究，近年来一些地方在城镇规划建设中也出现了脱离当地经济发展水平和资源环境条件，片面追求规模与速度等问题。制定全国城镇体系规划，就是要全面贯彻落实科学发展观和构建社会主义和谐社会的要求，端正城镇化和城镇发展的指导思想，强化国家对城镇化和城镇发展的宏观调控，有针对性地加强对各地城镇发展的分区、分类指引，提出资源生态环境保护的原则和要求，解决我国城镇化发展过程中的现实问题。

制定全国城镇体系规划，有利于坚持依法行政。按照进一步完善社会主义市场经济体制的要求，在发挥市场的基础性作用的同时，要坚持一级政府、一级事权的原则，提高执政能力，完善管理手段。《城乡规划法》强调了城乡规划的公共政策属性，进一步明确了城乡规划是对应于不同层级政府事权的完整体系。当前，在我国现有的规划体系中存在着国家规划缺位，省域城镇体系规划和城市总体规划缺乏上位规划指导的问题。《城乡规划法》第十二条进一步明确了全国城镇体系规划的法定地位和作用，有利于加强中央政府规划管理的责任，明晰各级政府的规划管理事权，发挥好各级规划部门对城乡建设活动的综合调控作用。

四、全国城镇体系规划的编制组织和审批

　　根据《城乡规划法》第十二条规定，原建设部会同国务院有关部门组织编制全国城镇体系规划，报国务院审批。

　　全国城镇体系规划涉及经济、社会、人文、资源环境、基础设施等相关内容，需要各相关部门的共同参与。由国务院城乡规划主管部门牵头组织，国务院相关部门参加全国城镇体系规划的编制，有利于在规划编制过程中统筹城镇发展与资源环境保护、基础设施建设的关系。充分协调相关部门的意见，使全国城镇体系规划与其他国家级相关规划的衔接，在部门间建立政策配合、行动协同的机制，强化国家对城镇化和城镇发展的宏观调控。

　　全国城镇体系规划编制过程中要充分听取各省、自治区、直辖市人民政府的意见，提高规划的针对性和可操作性。在编制过程中要广泛听取各方面的意见和建议，充分发挥各领域专家的作用，坚持"专家领衔、科学决策"的规划编制原则，组织对规划各阶段的成果进行专家咨询和论证。为提高规划的科学性，要对涉及城镇发展的重大基础性问题进行专题研究。

　　全国城镇体系规划确定的重点城镇群、城镇群，跨省界城镇发展协调地区，重要江河流域、湖泊地区和海岸带等在提升国家参与国际竞争的能力、协调区域发展和资源保护方面具有重要的战略意义。根据实施全国城镇体系规划的需要，国家可以组织制定上述地区的城镇协调发展规划，组织制定重要流域和湖泊的区域城镇供水排水规划，切实发挥全国城镇体系规划指导省域城镇体系规划、城市总体规划编制的法定作用。

五、省域城镇体系规划的主要内容

依据《城乡规划法》第十三条规定，省域城镇体系规划的内容包括：城镇空间布局和规模控制，重大基础设施的布局，为保护生态环境、资源等需要严格控制的区域。这是法律对省域城镇体系规划的基本要求，是省、自治区政府组织制定城乡规划，组织基础设施建设的依据。

省域城镇体系规划要立足省、自治区政府的事权，明确本省、自治区城镇发展战略，明确重点地区的城镇发展、重要基础设施的布局和建设、生态建设和资源保护要求；明确需要由省、自治区政府协调的重点地区（跨市县的城镇密集地区）和重点项目，并提出协调的原则、标准和政策。为省、自治区政府审批城市总体规划、县域城镇体系规划和基础设施建设提供依据。

为了确保上述内容的科学性、前瞻性和可操作性，第一，必须认真研究本地区的资源和生态环境的承载能力，系统分析人口和经济活动分布的特点，明确省域城镇化和城镇发展战略。第二，必须坚持城乡统筹的原则，认真分析农村人口转移的趋势，把引导农村人口转移与优化乡村居民点的布局、促进城乡公共服务均等化结合起来，把促进农村经济产业化与区域产业空间的整合结合起来。第三，要综合考虑促进城镇合理布局和提高基础设施建设效益的需要，以城镇为节点优化区域基础设施网络，保护和控制基础设施建设用地，合理布局重大基础设施。第四，依据区域城镇发展战略，综合考虑空间资源保护、生态环境保护和可持续发展的要求，确定需要严格保护和控制开发的地区，提出开发的标准和控制的措施。

省、自治区政府可以根据实施省域城镇体系规划的需要，依据已批准的省域城镇体系规划，组织制定城镇密集地区、重点资源和生态环境保护区域和其他地区的城镇发展布局规划，深化、细化省域城镇体系规划的各项要求。在实行省直管县的地方，省、自治区政府可根据需要，依据省域城镇体系规划，组织或授权相应地方的中心城市组织中心城市与其相关地区的城乡协调发展规划，如浙江省组织编制了城乡协调发展规划。

六、省域城镇体系规划的编制组织和审批程序

省域城镇体系规划是合理配置和保护利用空间资源，统筹全省、自治区城镇空间布局，综合安排基础设施和公共设施建设，促进省域内各级各类城镇协调发展的综合性规划，是落实省、自治区政府的经济社会发展目标和发展战略，引导城镇化健康发展的重要依据和手段。

《城乡规划法》第十三条规定，省、自治区人民政府负责组织省域城镇体系规划的编制。省、自治区人民政府在组织编制省域城镇体系规划的过程中，要坚持"政府组织、部门合作、专家领衔、科学决策"的规划编制原则，由城乡规划主管部门牵头组织发展改革部门、国土资源管理部门以及交通、环境等相关部门共同编制，并广泛征求各级地方政府和专家的意见。

《城乡规划法》规定省域城镇体系规划由国务院审批，并明确了省域城镇体系规划的报批程序。第一，规划在上报国务院前，须经本级人民代表大会常务委员会审议，审议意见和根据审议意见修改规划的情况应随上报审查的规划一并报送。第二，规划上报国务院后，由国务院授权国务院城乡规划主管部门负责组织相关部门和专家进行审查。为了做好审查工作，国务院城乡规划主管部门将组织专家组在规划上报前先期介入规划编制过程，

一方面依据《全国城镇体系规划》，明确国家对相应地方城镇发展布局的要求，另一方面依据《城镇体系规划编制审批办法》等部门规章指导地方在编制过程中科学合理地把握规划的内容、深度，按规定的程序做好规划的协调。专家组将在规划的大纲阶段和规划成果阶段，就规划内容和组织工作进展的情况向相应地方政府提出书面审查意见。在国务院审批省域城镇体系规划时，这些意见将作为重要的参考依据。第三，规划编制需有公众参与。省域城镇体系规划报送审批前，组织编制机关应当依法将规划草案予以公告，采取论证会、听证会或者其他方式征求专家和公众的意见，并在报送审批的材料中附具意见采纳情况及理由。

七、组织编制城市总体规划时必须坚持的原则

组织编制城市总体规划，要坚持以邓小平理论和"三个代表"重要思想为指导，全面落实科学发展观，构建社会主义和谐社会，推动城市发展模式从粗放型向集约型转变。

第一，统筹城乡和区域发展。编制城市总体规划，必须贯彻工业反哺农业、城市支持农村的方针。要统筹规划城乡建设，增强城市辐射带动功能，提高对农村服务的水平，协调城乡基础设施、商品和要素市场、公共服务设施的建设，改善进城务工农民就业和创业环境，促进社会主义新农村建设。要加强城市与周边地区的经济社会联系，协调土地和资源利用、交通设施、重大项目建设、生态环境保护，推进区域范围内基础设施相互配套、协调衔接和共建共享。

第二，积极稳妥地推进城镇化。要考虑国民经济和社会发展规划的要求，根据经济社会发展趋势、资源环境承载能力、人口变动等情况，合理确定城市规模和城市性质。大城市特别是特大

城市，要把发展的重点放到城市结构调整、功能完善、质量提高和环境改善上来，加快中心城区功能的疏解，避免人口规模过度集中。中小城市要发挥比较优势，明确发展方向，提高发展质量，防止盲目攀比，体现个性和特点。要正确把握好城镇化建设的节奏，按照循序渐进、节约土地、集约发展、合理布局的原则，因地制宜，稳步推进城镇化。

第三，加快建设节约型城市。要根据党中央、国务院关于做好建设节约型社会的要求，把节地、节水、节能、节材和资源综合利用落实到城市规划建设和管理的各个环节中去。

要落实最严格的土地管理制度，严格保护耕地特别是基本农田，严格控制城市建设用地增量，盘活土地存量，将城市建设用地的增加与农村建设用地的减少挂钩，优化配置土地资源。

要以水的供给能力为基本出发点，考虑城市产业发展和建设规模，落实各项节水措施，加快推进中水回用，提高水的利用效率。

要大力促进城市综合节能，重点推进高耗能企业节能降耗，改革城镇供热体制，合理安排城市景观照明，鼓励发展新能源和可再生能源。

要加大城市污染防治力度，努力降低主要污染物排放总量，推进污水、垃圾处理设施建设，加强绿化建设，保护好自然生态，加快改善城市环境质量。大力发展循环经济，积极推行清洁生产，加强资源综合利用。

第四，为人民群众生产生活提供方便。改善人居环境，建设宜居城市，是城市总体规划工作的重要目标。要优先满足普通居民基本住房需求，着力增加普通商品住房、经济适用住房和廉租房供应，为不同收入水平的城镇居民提供适宜的住房条件。要坚持公交优先，加强城市道路网和公共交通系统建设，在特大城市建设快速道路交通和大运量公共交通系统，着重解决交通拥堵问题。要突出加强城市各项社会事业建设，完善教育、科技、文化、卫生、体育和社会福利等公共设施，健全社区服务体系，提高人民群众的生活质量。要保护好历史文化名城、历史文化街区、文物保护单位等文化遗产，保护好地方文化和民俗风情，保护好城市风貌，体现民族和区域特色。

第五，统筹规划城市基础设施建设。要统筹规划交通、能源、水利、通信、环保等市政公用设施；统筹规划城市地下空间资源开发利用；统筹规划城市防灾减灾和应急救援体系建设，建立健全突发公共事件应急处理机制。

八、城市总体规划的主要内容

城市总体规划的主要任务是：

根据城市经济社会发展需求和人口、资源情况和环境承载能力，合理确定城市的性质、规模；综合确定土地、水、能源等各类资源的使用标准和控制指标，节约和集约利用资源；划定禁止建设区、限制建设区和适宜建设区，统筹安排城乡各类建设用地；合理配置城乡各项基础设施和公共服务设施，完善城市功能；贯彻公交优先原则，提升城市综合交通服务水平；健全城市综合防灾体系，保证城市安全；保护自然生态环境和整体景观风貌，突出城市特色；保护历史文化资源，延续城市历史文脉；合理确定分阶段发展方向、目标、重点和时序，促进城市健康有序发展。城市总体规划一般分为市域城镇体系规划和中心城区规划两个层次。此外，编制城市总体规划成果前，首先要编制城市总体规划纲要。

城市总体规划纲要的主要任务是：

依据国民经济和社会发展规划、国土规划、省域城镇体系规划，结合当地实际以及城市发展建设面临的主要问题与任务，明确总体指导思想、原则和目标，确定城市在全国或区域经济社会发展格局中的地位和主要职能，城市空间发展主要方向和总体布局，水、土地、能源等战略性资源的保障等重大原则问题。

市域城镇体系规划的主要内容包括：

提出市域城乡统筹的发展战略；确定生态环境、土地和水资源、能源、自然和历史文化遗产等方面的保护与利用的综合目标和要求，提出空间管制原则和措施；确定市域交通发展策略；原则确定市域交通、通讯、能源、供水、排水、防洪、垃圾处理等重大基础设施，重要社会服务设施的布局；根据城市建设、发展和资源管理的需要划定城市规划区，城市规划区的范围应当位于城市的行政管辖范围内；提出实施规划的措施和有关建议。

中心城区规划的主要内容包括：

分析确定城市性质、职能和发展目标，预测城市人口规模；划定禁建区、限建区、适建区，并制定空间管制措施；确定建设用地规模，划定建设用地范围，确定建设用地的空间布局；提出主要公共服务设施的布局；确定住房建设标准和居住用地布局，重点确定经济适用房、普通商品住房等满足中低收入人群住房需求的居住用地布局及标准；确定绿地系统的发展目标及总体布局，划定绿地的保护范围（绿线），划定河湖水面的保护范围（蓝线）；确定历史文化保护及地方传统特色保护的内容和要求；确定交通发展战略和城市公共交通的总体布局，落实公交优先政策，确定主要对外交通设施和主要道路交通设施布局；确定供水、排水、供电、电信、燃气、供热、环卫发展目标及重大设施总体布局；确定生态环境保护与建设目标，提出污染控制与治理措施；确定综合防灾与公共安全保障体系，提出防洪、消防、人防、抗震、地质灾害防护等规划原则和建设方针；提出地下空间开发利用的原则和建设方针；确定城市空间发展时序，提出规划实施步骤、措施和政策建议。

规划中涉及规划区范围、规划区建设用地规模、基础设施和公共服务设施用地、水源地和水系、基本农田和绿化用地、环境保护、自然与历史文化遗产保护、防灾减灾等内容应作为规划的强制性内容。

九、城市总体规划中专项规划的制定

城市总体规划涉及城市发展和建设的方方面面，很多行业和部门的规划都要作为一个专项内容纳入城市总体规划进行统筹。

城市总体规划的专项规划主要包括综合交通、环境保护、商业网点、医疗卫生、绿地系统、河湖水系、历史文化名城保护、地下空间、基础设施、综合防灾等。在城市总体规划文本、图纸和说明书中，要根据城市发展建设的需要，根据城市空间布局的整体要求，提出城市综合交通、商业网点、医疗卫生、绿地系统、河湖水系、地下空间、基础设施、综合防灾等的发展目标、空间布局和相关控制指标等内容，提出生态资源环境保护和历史文化遗产保护的目标、指标和对策措施。各专项规划的编制必须与城市总体规划的编制同步进行，严格按照总体规划的内容要求开展工作，并将各专项规划的主要内容纳入城市总体规划的文本、图纸和说明书，作为城市总体规划的一部分一并审批。同时，各有关行业主管部门，可以依据城市总体规划和分区规划、详细规划，单独编制有关专项规划，将城市总体规划的要求进一步细化落实。

十、城市总体规划的组织编制和审批程序

根据《城乡规划法》第十四条的规定，城市人民政府负责组织编制城市总体规划。城市人民政府在组织编制城市总体规划的过程中，要坚持"政府组织、专家领衔、部门合作、公众参与、科学决策"的规划编制组织原则，在政府的统一领导下，由城乡规划主管部门牵头组织发展改革部门、国土资源管理部门以及基础设施、生态环境保护等相关部门，共同编制。对涉及城市发展目标与空间布局、资源与环境保护、区域与城乡统筹等重大专题的咨询和论证，应当聘请相关领域的资深专家领衔担任专题负责人。要重视发挥专家作用，加强对总体规划纲要、成果等环节的技术把关。在规划修编工作的各个阶段，都要充分征求有关部门和单位的意见。广泛征求公众的意见，推进科学民主决策。要采取多种方式，广泛听取社会各界意见，扩大公众参与程度，增强规划修编工作的公开性和透明度。

根据《城乡规划法》的规定，城市总体规划采取分级审批，并明确了规划的报批程序。直辖市的城市总体规划由直辖市人民政府报国务院审批。省、自治区人民政府所在地的城市以及国务院确定的城市的总体规划，由省、自治区人民政府审查同意后，报国务院审批。其他城市的总体规划，由城市人民政府报省、自治区人民政府审批。

第一，有关城市人民政府在拟编制城市总体规划之前，应就原规划执行情况、修编的理由、范围，书面报告规划审批机关，经规划审批机关同意后，方可编制规划。

第二，规划在上报规划审批机关前，须经本级人民代表大会常务委员会审议，审议意见和根据审议意见修改规划的情况应随

上报审查的规划一并报送。

第三，规划上报规划审批机关后，由审批机关授权有关城乡规划主管部门负责组织相关部门和专家进行审查。为了做好审查工作，负责组织审查的城乡规划主管部门将组织专家组在规划上报前先期介入规划编制过程，一方面依据全国城镇体系规划、省域城镇体系规划，明确上位规划对相应地方城镇发展布局的要求，另一方面依据《城市规划编制办法》等部门规章指导地方在编制过程中科学合理地把握规划的内容、深度，按规定的程序做好规划的协调。专家组将在规划的纲要阶段和规划成果阶段，就规划内容和组织工作的情况向相应地方政府提出书面审查意见。在审批机关审批规划时，有关部门及专家组的审查意见将作为重要的参考依据。

第四，明确规划编制须有公众参与。城市总体规划报送审批前，组织编制机关应当依法将总体规划草案予以公告，采取论证会、听证会或者其他方式征求专家和公众的意见，并在报送审批的材料中附具意见采纳情况及理由。

根据《城乡规划法》第四条的规定，县级以上地方人民政府应当根据当地经济社会发展的实际，在城市总体规划、镇总体规划中合理确定城市、镇的发展规模、步骤和建设标准。根据这一规定，除了由国务院审批总体规划的城市外，其他城市、镇的总体规划的发展规模，按照《城乡规划法》规定的审批权限，由县级以上地方人民政府审定。

十一、人大审议城乡规划与上级政府审批城乡规划的关系

《城市规划法》规定，城市人民政府和县级人民政府在向

上级人民政府报请审批城市总体规划前，须经同级人民代表大会或者其常务委员会审查同意。国务院在提请全国人大常委会审议的《城乡规划法》（草案）中基本沿用了《城市规划法》的上述规定，内容为：省、自治区、直辖市和城市、镇的人民政府编制省域城镇体系规划、城市和镇的总体规划，经同级人民代表大会或者常务委员会审查同意后，报上级人民政府审批。

在全国人大常委会审议《城乡规划法》（草案）时，有些常委会委员、全国人大财政经济委员会委员和有的地方提出，人大或其常委会对城乡规划的"审查同意"与上级政府"审批"之间的关系不清；经人大或其常委会审查同意上报的规划，如果上级政府不批准，会出现地方人大或其常委会与上级政府关系不协调的问题，建议对这一涉及体制性的问题再作研究。全国人大法律委员会经同财政经济委员会和国务院法制办研究认为，城乡规划的制定属于政府的行政管理职责，应当由政府组织编制并报上级政府审批；同时，为增强规划制定的民主性、科学性，适应地方人大常委会对规划编制和实施工作进行监督的需要，地方政府在将有关规划报上级政府审批前，应当先提请本级人大或其常委会审议，听取意见，并将审议意见和根据审议意见修改规划的情况一并报送。最后，经全国人大常委会审议通过的《城乡规划法》第十三条、第十四条、第十五条、第十六条规定："省、自治区人民政府组织编制省域城镇体系规划，报国务院审批。""城市人民政府组织编制城市总体规划。""直辖市的城市总体规划由直辖市人民政府报国务院审批。省、自治区人民政府所在地的城市以及国务院确定的城市的总体规划，由省、自治区人民政府审查同意后，报国务院审批。其他城市的总体规划，由城市人民政府报省、自治区人民政府审批。""县人民政府组织编制县人民政府所在地镇的总体规划，报上一级人民政府审批。其他镇的总体规划由镇人民政府组织编制，报上一级人民政府审批。"

"省、自治区人民政府组织编制的省域城镇体系规划，城市、县人民政府组织编制的总体规划，在报上一级人民政府审批前，应当先经本级人民代表大会常务委员会审议，常务委员会组成人员的审议意见交由本级人民政府研究处理。""镇人民政府组织编制的镇总体规划，在报上一级人民政府审批前，应当先经镇人民代表大会审议，代表的审议意见交由本级人民政府研究处理。""规划的组织编制机关报送审批省域城镇体系规划、城市总体规划或者镇总体规划，应当将本级人民代表大会常务委员会组成人员或者镇人民代表大会代表的审议意见和根据审议意见修改规划的情况一并报送。"

《城乡规划法》有关城乡规划审批程序的规定，明确了同级人大审议城乡规划与上级政府审批城乡规划的关系。同级人大"审议"是程序性的，是本级政府向上级政府报请审批总体规划前的必经程序，同级人大"审议"城乡规划与上级政府审批城乡规划不矛盾，城乡规划的最终批准权在上级政府，同级人大"审议"城乡规划是对同级政府制定、实施城乡规划的监督，而不是作出决定。

十二、关于首都总体规划的特殊性

《城乡规划法》第二十三条的规定，主要是考虑到北京作为中华人民共和国的首都，是全国的政治、文化中心，承担着为全国的政治、经济、文化、社会、国防等服务的重要公共职能。党中央对北京的发展提出了"四个服务"的要求，即"为中央党政军领导机关服务，为日益扩大的国际交往服务，为国家教育、文化和卫生事业的发展服务，为市民的工作和生活服务"，这是不同于其他任何一个城市的发展要求。首都在维护国家利益、公众利益，保障国家安全方面占据着极其重要的地位。北京的城市发展和建设，不仅要考虑到北京作为我国直辖市之一的自身发展建设需要，还要统筹考虑落实中央政府行使国家职责的需要，要对中央国家机关用地和布局作出妥善安排，保证国家机关的正常运转，保证各项国家事务的正常进行。

十三、详细规划的主要内容

详细规划包括控制性详细规划和修建性详细规划。

控制性详细规划的主要内容包括：

详细确定规划地区各类用地的界线和适用范围，提出建筑高度、建筑密度、容积率、绿地率等控制指标；规定各类用地内适建、不适建、有条件可建的建筑类型；规定交通出入口方位、停车泊位、建筑后退红线距离、建筑间距等要求；提出各地块的建筑体量、体型、色彩等规划引导性要求；确定各级道路的红线位置、断面、控制点坐标和标高；根据规划容量，确定工程管线的走向、管径和工程设施的用地界线；确定公共设施的位置、规模和布局；制定相应的土地使用与建筑管理细则。控制性详细规划的成果由文本、图件和附件组成，图件由图纸和图则组成，附件包括规划说明及基础资料。

修建性详细规划的内容主要包括：

规划地块的建设条件分析和综合技术经济论证，建筑和绿地的空间布局、景观规划设计，布置总平面图，道路系统规划设计，绿地系统规划设计，工程管线规划设计，竖向规划设计，估算工程量、拆迁量和总造价、分析投资效益。修建性详细规划的成果由规划说明书和图纸组成。

十四、控制性详细规划的组织编制和审批程序

《城乡规划法》规定，城市或县人民政府所在地镇的控制性详细规划，由城市或县人民政府的城乡规划主管部门组织编制，经本级人民政府批准后，报本级人民代表大会常务委员会和上一级人民政府备案。其他镇的控制性详细规划由镇人民政府组织编制，报上一级人民政府审批。控制性详细规划报送审批前，组织编制机关应当依法将规划草案予以公告，并采取论证会、听证会或者其他方式征求专家和公众的意见，并在报送审批的材料中附具意见采纳情况及理由。控制性详细规划是城市规划、镇规划实施管理的最直接法律依据，是国有土地使用权出让、开发和建设管理的法定前置条件。依法制定和实施控制性详细规划，是城市、镇政府的职责，是城乡规划主管部门一项重要的日常法定工作，任何地方不得以任何理由拖延或拒绝编制控制性详细规划。控制性详细规划一经批准，就对社会具有广泛约束力，城乡规划部门必须严格按规划实施管理，建设单位必须严格按规划实施建设，各相关利益群体必须服从规划管理。任何单位和个人不经法定程序，不得随意修改经批准的控制性详细规划。

《城乡规划法》要求，控制性详细规划应覆盖城市总体规划期限内确定的建设用地。因涉及20年的建设周期，不少地段的建设存在着较大的不确定性，因此控制性详细规划的编制应分轻重缓急，并对内容深度有所区别。相关要求将通过对《城市规划编制办法》的完善来实现。

各级政府要将控制性详细规划的编制费用纳入本级财政预算，为规划制定工作提供经费保障。同时，考虑到制定控制性详

细规划产生的费用，是对特定地块开发利用进行规范而产生的前期行政成本，在实际工作中，一些地方采取土地出让收益提留等方式，在土地出让金中拿出很小比例的资金，用于控制性详细规划的制定工作。如重庆市从每平方米土地出让金中拿出很小比例的资金用于控制性详细规划的制定和实施管理，既实现了控制性详细规划的全覆盖，提高了工作的时效性和水平，又因规划明确，从而较大幅度地提高了土地使用效率和价值。

十五、修建性详细规划的审定

《城乡规划法》规定，城市、县人民政府城乡规划主管部门和镇人民政府可以组织编制重要地块的修建性详细规划。这就是说，只有城市、镇的重要地段（如历史文化街区、景观风貌区、中心区、交通枢纽等）可以由政府组织编制，其他地区的修建性详细规划组织编制主体是建设单位。各类修建性详细规划由城市、县人民政府城乡规划主管部门依法负责审定。根据各地多年的实践，重要地段的修建性详细规划通常应当报城市或县人民政府审批。各地可以根据实际情况，制定修建性详细规划审批管理的具体办法。

十六、关于城乡规划编制过程中的公众参与

公众参与城乡规划，是更好地协调公共管理与私人权利之间关系的重要环节，包括事前协调、过程协调和事后协调。在规划编制的过程中，组织公众参与，广泛听取公众对规划方案的意见和建议，在相关事务上取得共识，使理解规划、拥护规划、执行

规划成为公众的自觉意愿，可以大大提高规划的实施效率，是最有效的协调。规划不再是单向管制的政策，而是对政府和公众双向制约的公共政策。对公众而言，规划不仅是规则，同时也是参与城乡建设和发展管理的重要模式，能够参与规划制定和实施的所有过程，对规划的编制提出意见和建议，对规划的实施进行监督，并且这种参与受到法律的保护。在城乡规划的编制过程中，必须进行至少一次公示，采取问卷调查、展示、召开听证会等方式，广泛征求公众的意见和建议，公示的时间最少为 30 日。组织编制的机关应当充分考虑公众的意见，认真对待，应当采纳合理的意见和建议，并在报送审批的材料中附上公众意见采纳情况及理由。

十七、关于县人民政府所在地镇总体规划的内容

镇规划包含县人民政府所在地镇的规划和其他镇的规划。

县人民政府所在地镇对全县经济、社会以及各项事业的建设发展具有统领作用，其性质职能、机构设置和发展要求都与其他镇不同，为充分发挥其对促进县域经济发展，统筹城乡建设，加快区域城镇化进程的突出作用，县人民政府所在地镇的总体规划应按照省（自治区、直辖市）域城镇体系规划以及所在市的城市总体规划提出的要求，对县域镇、乡和所辖村庄的合理发展与空间布局、基础设施和社会公共服务设施的配置等内容提出引导和调控措施。县人民政府所在地镇的总体规划包括县域村镇体系和县城区两层规划内容。

县域村镇体系规划主要内容包括：

综合评价县域的发展条件；制定县域城乡统筹发展战略，确定县域产业发展空间布局；预测县域人口规模，确定城镇化战

略；划定县域空间管制分区，确定空间管制策略；确定县域镇村体系布局，明确重点发展的中心镇；制定重点城镇与重点区域的发展策略；划定必须制定规划的乡和村庄的区域，确定村庄布局基本原则和分类管理策略；统筹配置区域基础设施和社会公共服务设施，制定包括交通、给水、排水、电力、邮政通信、教科文卫、历史文化资源保护、环境保护、防灾减灾、防疫等专项规划。

县城区规划主要内容包括：

分析确定县城性质、职能和发展目标，预测县城人口规模；划定规划区、确定县城建设用地规模；划定禁止建设区、限制建设区和适宜建设区，制定空间管制措施；确定各类用地的空间布局；确定绿地系统、河湖水系、历史文化、地方传统特色等的保护内容、要求，划定各类保护范围，提出保护措施；确定交通、给水、排水、供电、邮政、通信、燃气、供热等基础设施和公共服务设施的建设目标和总体布局；确定综合防灾和公共安全保障体系的规划原则、建设方针和措施；确定空间发展时序，提出规划实施步骤、措施和政策建议。

规划中涉及规划区范围、规划区建设用地规模、基础设施和公共服务设施用地、水源地和水系、基本农田和绿化用地、环境保护、自然与历史文化遗产保护、防灾减灾等内容应作为规划的强制性内容。

十八、其他镇规划的层次和内容

其他的镇规划分为镇总体规划和详细规划，详细规划分为控制性详细规划和修建性详细规划。

镇总体规划包括镇域规划和镇区规划两个层次。

镇域规划主要内容包括：

提出镇的发展战略和发展目标，确定镇域产业发展空间布局；预测镇域人口规模；明确规划强制性内容，划定镇域空间管制分区，确定空间管制要求；确定镇区性质、职能及规模，明确镇区建设用地标准与规划区范围；确定镇村体系布局，统筹配置基础设施和公共设施；提出实施规划的措施和有关建议。

镇区规划主要内容包括：

确定规划区内各类用地布局；确定规划区内道路网络，对规划区内的基础设施和公共服务设施进行规划安排；建立环境卫生系统和综合防灾减灾防疫系统；确定规划区内生态环境保护与优化目标，提出污染控制与治理措施；划定河、湖、库、渠和湿地等地表水体保护和控制范围；确定历史文化保护及地方传统特色保护的内容及要求。

规划中涉及规划区范围、规划区建设用地规模、基础设施和公共服务设施用地、水源地和水系、基本农田和绿化用地、环境保护、自然与历史文化遗产保护、防灾减灾等内容应作为规划的强制性内容。

镇总体规划的成果应包括规划文本、图纸及附件（说明和基础资料汇编等），规划文本中应明确表示强制性内容。

十九、乡规划的层次和内容

编制乡规划，应首先依据经过法定程序批准的所在地的城市总体规划、县域村镇体系规划，结合乡的经济社会发展水平，对乡的各项建设作出统筹布局与安排。

乡规划包括乡域规划和乡驻地规划。

乡域规划的主要内容包括：

提出乡产业发展目标，落实相关生产设施、生活服务设施以及公益事业等各项建设的空间布局；落实规划期内各阶段人口规模与人口分布情况；确定乡的职能及规模，明确乡政府驻地的规划建设用地标准与规划区范围；确定中心村、基层村的层次与等级，提出村庄集约建设的分阶段目标及实施方案；统筹配置各项公共设施、道路和各项公用工程设施，制定各专项规划，并提出自然和历史文化保护、防灾减灾、防疫等要求；提出实施规划的措施和有关建议，明确规划强制性内容。

乡驻地规划主要内容包括：

确定规划区内各类用地布局，提出道路网络建设与控制要求；建立环境卫生系统和综合防灾减灾防疫系统；确定规划区内生态环境保护与优化目标，划定主要水体保护和控制范围；确定历史文化保护及地方传统特色保护的内容及要求，划定历史文化街区、历史建筑保护范围，确定各级文物保护单位、特色风貌保护重点区域范围及保护措施；规划建设容量，确定公用工程管线位置、管径和工程设施的用地界线，进行管线综合。

二十、村庄规划的内容

编制村庄规划，首先要依据经过法定程序批准的镇总体规划或乡总体规划，同时也要充分考虑所在村庄的实际情况，在此基础上，对村庄的各项建设作出具体的安排。

村庄规划的主要内容包括：

安排村庄内的农业生产用地布局及为其配套服务的各项设施；确定村庄居住、公共设施、道路、工程设施等用地布局；确定村庄内的给水、排水、供电等工程设施及其管线走向、敷设方式；确定垃圾分类及转运方式，明确垃圾收集点、公厕等环境卫生设施的分布、规模；确定防灾减灾、防疫设施的分布和规模；对村庄分期建设时序进行安排，并对近期建设的工程量、总造价、投资效益等进行估算和分析。

在一些经济较为发达和规模较大的村庄，也可以根据村庄发展建设的实际需要，组织编制专项规划。

二十一、镇规划的组织编制与审批程序

镇规划的组织编制：

县人民政府所在地的镇是县域内政治、经济、文化的中心，是联系大、中城市和农村地区的纽带，它的发展将带动全县的发展，为城乡统筹和谐发展创造有利的条件。因此，县人民政府所在地镇的总体规划要统筹安排和部署全县域的土地、人口、环境、科技、文化、教育、商业、金融、交通、工程设施等各方面工作，协调各部门之间的关系，是一项综合性很强的工作，必须由县人民政府直接组织编制。其他镇的总体规划工作则由镇人民政府组织编制。

镇规划的审批程序：

为保证规划的公平、公开和公正，维护公众的利益，镇规划在报送审批前，组织编制机关应当依法将规划草案予以公告，并采取论证会、听证会或者其他方式征求专家和公众的意见。公告的时间不得少于 30 日。组织编制机关应当充分考虑专家和公众的意见，并在报送审批的材料中附具意见采纳情况及理由。

镇总体规划在报上级人民政府审批前，应当先经本级人民代表大会审议，审议意见和根据审议意见的修改情况应与规划成果一并报送审批。镇总体规划批准前，审批机关应当组织专家和有

关部门进行审查。

县人民政府所在地镇的总体规划（包括县域村镇体系规划和县城区规划）由县人民政府报上一级人民政府审批。其他镇的总体规划由镇人民政府报上一级人民政府审批。

县人民政府所在地镇的控制性详细规划，由县人民政府城乡规划主管部门报县人民政府审批，经批准后，报本级人民代表大会常务委员会和上一级人民政府备案。其他镇的控制性详细规划由镇人民政府报上一级人民政府审批。

县人民政府所在地镇的重要地块的修建性详细规划由县人民政府城乡规划主管部门报县人民政府审批。其他镇的重要地块的修建性详细规划由镇人民政府报上一级人民政府审批。县人民政府所在地镇的非重要地块修建性详细规划由建设单位报县人民政府城乡规划主管部门审批。其他镇的非重要地块修建性详细规划由建设单位报上一级人民政府城乡规划主管部门审批。

二十二、乡规划的编制组织与审批程序

乡规划由乡人民政府组织编制。乡规划在报送审批前应当依法将规划草案予以公告，并采取论证会、听证会或者其他方式征求专家和公众的意见。公告的时间不得少于 30 日。组织编制机关应当充分考虑专家和公众的意见，并在报送审批的材料中附具意见采纳情况及理由。

乡规划应当由乡人民政府先经本级人民代表大会审议，然后将审议意见和根据审议意见的修改情况与规划成果一并报送县级人民政府审批。

二十三、村庄规划的组织编制与审批程序

村庄规划应以行政村为单位，由所在地的镇或乡人民政府组织编制。村委会应指定人员参与村庄规划编制过程，并协助做好规划相关工作。

为了保证规划的可操作性，规划编制人员在进行现状调查、取得相关基础资料后，采取座谈、走访等多种方式，征求村民的意见。村庄规划应进行多方案比较并向村民公示。县级城乡规划行政主管部门应组织专家和相关部门对村庄规划方案进行技术审查。

根据我国现在实行的村民自治体制，村庄规划成果完成后，必须要经村民会议或者村民代表会议讨论同意后，方可由所在地的镇或乡人民政府报县级人民政府审批。

二十四、关于风景名胜区规划的制定

风景名胜区是我国自然遗产的重要组成部分，是不可再生的国家资源。风景区的保护利用要按照"严格保护、统一管理、合理开发、永续利用"的原则，认真组织编制风景名胜区规划，并严格按规划实施。

风景名胜区规划，是保护、利用、管理风景区，并发挥其多种功能的统筹部署和具体安排。风景名胜区规划分为总体规划和详细规划。

风景名胜区应当自设立之日起 2 年内编制完成总体规划。总体规划的规划期一般为 20 年。风景名胜区总体规划的编制，应

当体现人与自然和谐相处、区域协调发展和经济社会全面进步的要求，坚持保护优先、开发服从保护的原则，突出风景名胜资源的自然特性、文化内涵和地方特色。

风景名胜区总体规划应当包括风景资源评价；生态资源保护措施、重大建设项目布局、开发利用强度；风景名胜区的功能结构和空间布局；禁止开发和限制开发的范围；风景名胜区的游客容量；有关专项规划等内容。

风景名胜区详细规划应当根据核心景区和其他景区的不同要求编制，确定基础设施、旅游设施、文化设施等建设项目的选址、布局与规模，并明确建设用地范围和规划设计条件。风景名胜区详细规划，应当符合风景名胜区总体规划。

制定风景名胜区规划应当统筹考虑风景名胜区内的镇规划、乡规划和村庄规划。风景名胜区内的镇规划、乡规划和村庄规划是风景名胜区规划的重要参考内容。风景名胜区规划应当在依法保护和合理利用风景名胜资源的基础上，统筹考虑镇、乡和村庄的建设与发展，为镇、乡和村庄留足发展空间。风景名胜区内的镇规划、乡规划和村庄规划在编制时应当充分考虑自然资源的保护和合理利用。

二十五、历史文化名城保护规划的层次和内容

历史文化名城是我国历史文化遗产的重要组成部分，是中华民族悠久历史、灿烂文化、文明历程和光荣革命传统的真实载体，是城市发展的珍贵记忆，是宝贵的不可再生的文化遗产。保护利用好这一历史文化遗产，对传承祖国优秀文化，教育激励人民群众民族精神和爱国主义热情，提高人民文化品位，促进精神文明的建设具有重要的作用。

国家历史文化名城由国务院核定公布。

历史文化名城的城市总体规划，应当编制专门的历史文化名城保护规划。历史文化名城保护规划通常分为总体规划层次和详细规划层次。

历史文化名城保护总体规划的主要内容包括：名城保护的总体目标、保护原则、传统格局和历史风貌保护的总体要求；历史文化遗产保护层次（通常分为文物保护单位和历史建筑、历史文化街区和历史文化名城三个层次）和重点保护内容的确定、各层次遗产的保护范围以及保护措施和建设控制要求；城市建设中风貌延续的总体要求；城市非物质文化遗产保护的要求；结合地方实际提出保护规划的实施措施等。

历史文化名城保护总体规划的规划期限应当与城市总体规划的规划期限相一致。

历史文化名城保护详细规划通常是针对历史文化街区等特殊地段编制的规划。

历史文化街区应该具备以下特征：有比较完整的历史风貌；构成历史风貌的历史建筑和历史环境要素基本上是历史存留的原物；用地面积不小于1公顷；街区内文物古迹和历史建筑的用地面积宜达到保护区内建筑总用地的60%以上。其他编制详细规划的地段通常包括因风貌保护要求需要提出特殊建设要求的地段。

历史文化名城保护详细规划应包括以下主要内容：

控制性详细规划阶段主要确定保护范围的用地范围和界线；保护的目标和原则，保护对象等；用地性质调整要求；保护范围内合理的人口和建筑容量；建筑高度控制、空间景观要求；公共服务设施分布和各项市政工程设施等规划；提出建（构）筑物和历史环境要素（围墙、石阶、铺地、驳岸、树木等）维修、改善和整治的规定；提出用地和建筑管理的技术规定。

在修建性详细规划阶段，主要确定保护范围内的建（构）筑物的保护与整治方案，包括平面布置、立面整治方案以及绿化布置，市政基础设施的布置等。

二十六、历史文化名镇、名村保护规划的层次和内容

历史文化名镇保护规划分为历史文化名镇保护总体规划和重点保护区域的详细规划。

历史文化名镇保护规划主要内容包括：

历史文化名镇保护原则、内容和保护工作重点；镇传统格局与历史风貌保护的要求、措施；划定保护区的范围界线，提出建设控制、保护和整治的措施要求；对重要历史文化遗存整修、利用和展示的规划意见；对古镇非物质文化遗产的保护措施；重点保护区域的详细规划意向方案及规划实施管理措施。

历史文化名村保护规划主要内容包括：

历史文化名村保护原则、内容和保护工作重点；村传统格局与历史风貌保护的要求、措施；历史文化名村的详细规划意向方案；对非物质文化遗产的保护措施；规划实施管理措施。

二十七、关于城乡规划编制单位的资质要求

《城乡规划法》明确提出了对城乡规划编制单位的资质要求。《城乡规划法》第二十四条规定，城乡规划组织编制机关应当委托具有相应资质等级的单位承担城乡规划的具体编制工作。从事城乡规划编制工作应当具备法定条件，并经国务院城乡规划

主管部门或者省、自治区、直辖市人民政府城乡规划主管部门依法审查合格，取得相应等级的资质证书后，方可在资质等级许可的范围内从事城乡规划编制工作。这是首次以法律形式对各级政府及其职能部门依法组织城乡规划编制工作和城乡规划设计研究单位合法从事城乡规划编制工作提出了明确的要求。各级政府及其职能部门在委托城乡规划编制任务时必须寻找具有相应资质等级的单位，从事城乡规划编制工作的单位必须符合条件并取得相应等级的资质证书。

《城乡规划法》还提出了城乡规划编制单位资质要求的必要性。20 世纪 80 年代城市规划编制单位普遍开始实行技术经济责任制，城乡规划设计人员的积极性被调动起来，工作取得了很大进展。随着规划体制改革的深入，规划设计市场化取向加大，城乡规划编制领域开始出现一些新问题：产生了牺牲城市的全局利益和社会公众利益而片面迁就委托方不合理要求的现象；产生了压价竞争，随意转包规划任务等种种不规范行为，造成规划编制成果质量下降，危害了城乡规划行业的健康发展。编制城乡规划同进行具体的建筑设计不同，进行建筑设计一般面向开发单位，自由发挥的余地比较大，在我国目前的城乡规划管理体制下，规划编制单位面对的是各级政府或城乡规划主管部门，应当抱有对国家、对社会、对人民负责的态度，认真做好规划设计研究工作。通过资格管理，确保规划编制单位具备必要的素质，是保证城乡规划编制工作的科学性和严肃性，保证各级政府依法实施规划的重要条件。

此外，在从事城乡规划编制工作应具备的条件中还新增加了一项内容，要求具有规定数量的注册规划师，以法律形式明确规定，注册规划师是规划编制单位的重要技术骨干，是取得规划编制资质的必备条件。2012 年 7 月 2 日，住房和城乡建设部审议通过《城乡规划编制单位资质管理规定》，自 2012 年 9 月 1 日起施行，具体规定了甲、乙、丙级规划资质单位须配备相应注册规划师的数量。

二十八、关于注册城市规划师执业资格制度

改革开放以来，我国城乡规划工作有了很大的发展。各城市普遍建立了城乡规划管理与城乡规划编制机构，职能不断健全与完善，已形成一支具有一定数量质量，涵盖规划管理、规划编制、科研教育等领域的城乡规划队伍。但是从总体上看，我国当前的城乡规划体制还不能完全适应社会主义市场经济条件下经济社会发展的新形势，现有的城乡规划队伍素质还不能完全满足城市化迅速发展进程中加强和完善城乡规划工作的客观要求。因此，进一步改革城乡规划体制，改革现有的城乡规划职业管理制度，实行注册规划师执业制度，是十分必要的，对于我国城乡规划事业的发展具有深远的影响和重大意义。

2008 年《城乡规划法》的颁布实施，明确了我国注册城乡规划师执业资格制度的法律地位，为实施该项制度提供了法律依据。2017 年 5 月 22 日，人力资源和社会保障部、住房和城乡建设部印发了《注册城乡规划师职业资格制度规定》和《注册城乡规划师职业资格考试实施办法》。明确提出：国家对注册城乡规划师实行准入关职业资格制度，纳入全国专业技术人员职业资格证书制度统一规划。取得注册城乡规划师职业资格证书且从事城乡规划编制及相关工作的人员，经注册方可以注册城乡规划师名义执业。

第三章　城乡规划的实施

一、城乡发展和建设的指导思想

从整体上讲，我国城乡发展和建设必须坚持以邓小平理论和"三个代表"重要思想为指导，全面落实科学发展观，促进和谐社会建设，实施可持续发展战略，要坚持实事求是、讲求实效、量力而行、逐步推进的总体思路。

在今后相当长的一段时期内，我国城乡发展和建设必须遵循以下原则。

第一，城市的发展和建设应当统筹兼顾周边农村经济社会发展、村民生产与生活的需要。农村经济社会和城市经济社会是相互联系、相互依赖的，城市有责任带动乡村，工业有责任支援农业。要按照促进城乡统筹发展的原则，通过统一规划，促进城市的发展建设与周边乡村的发展建设相协调，把促进城市的可持续发展与发挥城市对农村发展的带动和反哺作用联系起来，实现发展目标与发展过程的统一。

第二，城市的发展和建设应优先考虑基础设施及公共服务设施建设，坚持新区开发与旧城改建的协调发展。城市基础设施作为城市生产、生活最基本的承载体，是城市经济和社会各项事业发展的重要基础；城市公共服务设施能为城市居民展开多彩而有序的社会生活、经济生活和文化生活创造条件，优先安排城市基础设施及公共服务设施建设，有利于促进城市经济增长，维护生态平衡，推动社会和谐发展。近年来，在很多城市中出现了旧城改建与新区开发缺少整体考虑，缺乏有机结合，已经影响到城市整体格局的健康、有序发展，各类"城市病"开始显现。为此必须强调，在城市旧区改建过程中，应当避免大拆大建，坚持逐步更新完善、注意历史文化遗产保护和城市特色维护的原则；在城市新区开发的过程中，要注意配套设施的完善和建设，特别要着重处理好各类开发区与城市主城区之间的关系，防止盲目建设和重复建设。同时，要注意统筹考虑进城务工人员的生活，维护其合法权益。

第三，镇的发展和建设应当结合农村经济发展和产业结构调整。镇是县域经济的增长点，是承前启后、承上启下的"中枢"，是连接城与乡的基地，抓住了小城镇这个城乡空间网络的节点，就抓住了连接城市、集聚乡村人口发展非农产业、辐射农村地区的核心环节，因而镇的发展与建设要从统筹城乡发展的角度考虑问题。镇的发展与建设要立足当地资源条件、环境优势、人文特色等，有利于促进农业结构的调整，推动产业结构的优化升级，要优先安排基础设施和科教文卫等公共服务设施，逐步构筑城乡一体的公共服务网络，促进基础设施向周边农村延伸、公共服务向周边农村覆盖、现代文明向周边农村辐射，从而构建农村发展的良好平台。

第四，乡村的发展与建设应当从实际出发，因地制宜。乡村的发展与建设要坚持按照党中央提出的要求，以"生产发展、生活宽裕、乡风文明、村容整洁、管理民主"为原则，扎实稳步推进社会主义新农村建设。乡村的发展和建设，要有利于改善农村的生产和生活条件，要顺应当地农村经济社会发展趋势，节约用地，体现出地方特色和农村特色。要尊重村民意愿，发挥村民自治组织的作用。

当前，城市发展和建设，应当以改善人居环境，完善城市综合服务功能为重点，按照财力、物力的可能，确定合理的建设规模和发展速度，充分考虑面向中低收入家庭的住房建设、必要的市政基础设施和文化设施建设等；镇的发展和建设，应当以发展县城和规模较大的镇为重点，充分考虑与镇发展密切相关的区域基础设施建设，为镇的发展创造良好的区域条件和投资环境；乡村的发展和建设，应当以着力加强农民最急需的生活基础设施建设为重点，扎实稳步地推进村庄治理，改善人居环境，要注意防止大拆大建，加重农民负担。

二、进行城市新区开发必须注意的问题

城市的新区开发，是指随着城市经济与社会的发展，为满足城市建设的需要，按照城市总体规划的部署，在城市现有建成区以外的地段，进行集中成片、综合配套的开发建设活动。

在新区的开发建设中，必须注意的问题包括：

第一，城市新区的开发和建设应当根据土地资源、水资源等的承载能力，量力而行，妥善处理近期建设与长远发展的关系，合理确定开发建设的规模和强度，防止盲目性，要坚持集约用地和节约用地的原则。第二，城市新区的开发和建设应当坚持统一规划和管理，要依法统一组织规划编制和实施，各类开发区要纳

入城市的统一规划和管理，防止擅自下放规划管理权。第三，城市新区的开发和建设应当坚持保护好大气环境、河湖水系等水环境和绿化植被等生态环境和自然资源，要避开地下文物埋藏区，保护好历史文化资源，防止破坏现有的历史文化遗存。第四，城市新区的开发和建设应该结合城市的社会经济发展情况，结合现有基础设施和公共服务设施的配置，合理确定各项交通设施的布局，合理配套建设各类公共服务设施和市政基础设施，防止讲排场、搞形式、盲目追求形象和高标准。第五，新区的开发和建设应当坚持保障人民群众基本利益优先，充分考虑最广大人民群众的利益，特别是关注中低收入人群，体现社会公平的原则。第六，新区的开发和建设应当充分考虑保护城市的传统特色，要结合城市的历史沿革及地域特点，在规划建设中体现鲜明的地方特色。

三、进行城市旧区更新必须注意的问题

城市旧区是在长期的历史发展过程中逐步形成的，是城市各历史时期的政治、经济、社会和文化发展的缩影。城市旧区通常历史文化遗存比较丰富，历史格局和传统风貌比较完整，但同时旧区也存在城市格局尺度比较小、人口密度高而且居民中低收入人群占的比例较高、基础设施比较陈旧、道路交通比较拥堵、房屋质量比较差等问题，迫切需要进行更新和完善。因而，结合城市新区的开发，适时逐步推动城市旧区的更新，是保证我国城市建设协调发展的一项重要任务。

在城市旧区更新中应当注意的主要问题包括：

第一，城市旧区一般用地功能混杂，随着城市人口聚集、经济社会发展、产业结构不断调整，对居住、公共设施用地的需求

在持续增加，使得对城市旧区进行一定的用地调整和功能置换成为一项必要的工作。为此，在城市旧区的规划建设中，要结合城市新区的发展，对旧区功能逐步进行调整，将污染严重、干扰较大的二三类工业用地，仓储用地等逐步搬迁，同时增加交通、居住、各类基础设施和公共服务设施用地，促使城市旧区的功能结构逐步完善。

第二，城市旧区经过了长期的历史发展过程，建筑密度和人口密度都相当高，但由于市政基础设施和公共服务设施水平较低，过高的聚集度使得城市旧区的居住环境逐渐恶化，旧区居民生活质量下降。为此，在城市旧区的规划建设中，要合理确定旧区的居住人口规模，重点对危房集中地区进行改建，结合城市新区的开发建设，逐步推动城市旧区人口的疏散，使城市旧区的人居环境能够逐步得到改善。

第三，城市旧区一方面承担了多项职能导致交通需求大，另一方面由于历史原因形成了道路较窄、停车设施匮乏等问题，导致城市旧区交通压力大，交通状况日益恶化。为此，在城市旧区的规划建设中，要重点做好公共交通系统、改善旧区道路、完善自行车交通和步行交通系统、公共停车设施等交通设施的安排，从根本上解决交通问题。

第四，城市旧区普遍存在市政基础设施老化失修的问题，一些北方城市缺少供暖设施，有些老城区甚至没有排水设施和燃气管道，公共绿地不足及健身场地缺乏的问题也日益突出。为此，在城市旧区的规划建设中，要高度重视完善和增建市政基础设施，根据人民群众的生活需求，加强环境保护的需求，以及旧城保护的需求，加强基础设施、公共服务设施、公共绿地和日常健身场所的建设，以促进城市旧区人居环境的功能改善。

第五，城市旧区，特别是历史文化名城的老城区，保存着大量优秀的历史文化遗存，是无法替代的、极其珍贵的文化财富。

为此，在旧区的规划建设中，要高度关注历史格局、传统风貌、历史文化街区和各级文物的保护，采取渐进式有机更新的方式，防止大拆大建。

第六，进行城市旧区更新，往往直接涉及相关单位和公众的切身利益。为此，在城市旧区的规划建设中，要严格依法行政，按照《城乡规划法》规定的程序，以及《民法典》等相关法律、法规的规定进行组织，防止野蛮拆迁等行为导致的不稳定因素。

四、加强城镇地下空间开发利用

我国土地资源紧缺，能源需求量大，城镇地下空间的利用具有节约土地和能源的特征。在城镇规划建设中，加强地下空间的合理开发和统筹利用，是坚持节约用地、集约用地、实现可持续发展的重要途径。

合理开发利用地下空间要坚持规划先行的原则。城镇地下空间的开发利用是一项涉及众多因素的系统工程，坚持统筹规划，综合考虑地下轨道交通、地下停车设施、人民防空工程、市政管线工程、生产贮存设施、公共服务设施以及城市防灾的功能要求，综合考虑地面土地的使用性质和建筑功能，才可能做到地上地下相互协调，互成体系。为此，在城市总体规划、镇总体规划中，要合理确定地下空间开发利用的原则、目标、功能、布局和规模，对地下空间的开发利用进行综合部署和全面安排；在详细规划中，要结合各项专业规划，提出地上地下空间的衔接要求，对各项建设进行具体安排和设计。

合理开发利用地下空间要坚持量力而行的开发建设原则。城镇地下空间的开发利用，应结合城市社会经济发展的实际情况以及开发能力，因地制宜，量力而行。例如，可以结合人防工程和交通设施的建设，在用地紧张的中心地区，建设地下停车场、地下商场等公共设施，缓解地面空间的拥挤；可以结合人防工程的建设，在居住区配建地下停车场及服务居民的日常服务设施。历史文化遗存丰富的城市，在开发利用地下空间的同时，还要注意地下文物遗址的保护。要根据当地的经济发展状况，制定规划实施的步骤和措施，合理确定地下设施的建设时序和规模，防止盲目攀比，追求不恰当的大规模、高档次。

合理开发利用地下空间要坚持安全第一的原则。由于城市地下空间具有相对封闭的特点，在开发利用中，要注重防火、防意外事故措施的制定，做好地下设施防水工程等各项防护措施的建设。

合理开发利用地下空间还要充分考虑与当时物权法的衔接。我国原《物权法》规定，建设用地使用权可以在土地的地表、地上或者地下分别设立。城镇地下空间利用要统筹考虑空间所有权的问题，防止出现由于地下空间使用权设立不当，发生阻碍城市基础设施建设或者导致城市安全设施无法完成等现象。

五、强调近期建设规划制定工作的意义

近期建设规划的基本任务是：根据城市总体规划、镇总体规划、土地利用总体规划和年度计划、国民经济和社会发展规划以及城镇的资源条件、自然环境、历史情况、现状特点，明确城镇建设的时序、发展方向和空间布局，自然资源、生态环境与历史文化遗产的保护目标，提出城镇近期内重要基础设施、公共服务设施的建设时序和选址，廉租住房和经济适用住房的布局和用地，城镇生态环境建设安排等。

编制近期建设规划，必须坚持以科学发展观为指导。要按照

加强和改善宏观调控的总要求，统一思想，深入研究，科学论证，坚持实施可持续发展战略，正确处理好近期建设与长远发展，资源环境条件与经济社会发展的关系，注重自然资源、生态环境与历史文化遗产的保护，切实提高规划的科学性和严肃性。规划确定的发展目标，必须符合城镇资源、环境、财力的实际条件，适应市场经济发展的要求。编制近期建设规划要从完善城镇综合服务功能、维护城镇公共利益和公共安全、改善人居环境出发，合理确定城镇近期重点发展的区域和功能布局，城镇基础设施、公共服务设施、经济适用房建设以及危旧房改造的安排。

由此可见，近期建设规划是城市总体规划、镇总体规划的分阶段实施安排和行动计划，是落实城市、镇总体规划的重要步骤，只有通过近期建设规划，才有可能实事求是地安排具体的建设时序和重要的建设项目，保证城市、镇总体规划的有效落实。近期建设规划是近期土地出让和开发建设的重要依据，土地储备、分年度用地计划的空间落实、各类近期建设项目的布局和建设时序，都必须符合近期建设规划，保证城镇发展和建设的健康有序进行。强调适时组织编制近期建设规划的必要性，是十分重要的。

应当说明的是，近期建设规划是总体规划的重要组成部分，如果城镇总体规划处于修编过程中，则近期建设规划应作为城镇总体规划的一部分，纳入总体规划的文本、图纸和说明书。在其他情况下，则按国民经济与社会发展五年规划的编制周期，同步滚动编制，但也必须依据经法定程序批准的总体规划进行。

六、近期建设规划的内容和审批程序

近期建设规划以重要基础设施、公共服务设施和中低收入居民住房建设以及生态环境保护为重点内容，明确近期建设的时序、发展方向和空间布局。其具体内容是：依据总体规划，遵循优化功能布局，促进经济社会协调发展的原则，确定城市近期建设用地的空间分布，重点安排城市基础设施、公共服务设施用地和中低收入居民住房建设用地以及涉及生态环境保护的用地，确定经营性用地的区位和空间分布；确定近期建设的重要的对外交通设施、道路广场设施、市政公用设施、公共服务设施、公园绿地等项目的选址、规模，以及投资估算与实施时序；对历史文化遗产保护、环境保护、防灾等方面，提出规划要求和相应措施；依据近期建设规划的目标，确定城市近期建设用地的总量，明确新增建设用地和利用存量土地的数量。

近期建设规划制定的依据包括：按照法定程序批准的总体规划，国民经济和社会发展五年规划和土地利用总体规划，以及国家的有关方针政策等。

近期建设规划的审批程序是：由城乡规划主管部门组织编制，经专家论证后报城市人民政府审批。城市人民政府批准近期建设规划前，必须征求同级人民代表大会常务委员会意见，批准后的近期建设规划应当报总体规划审批机关备案。城市人民政府应当通过媒体、网络、展览、张贴等方式，将批准后的近期建设规划向社会公布。

近年来，一些地方为了进一步落实近期建设规划提出的发展目标，依据总体规划和近期建设规划，制定规划年度实施计划，并在此基础上提出城市建设用地供应计划，以防止城市建设过程中的盲目性，是一项成功的经验。

七、在城乡规划中一些用地原则上禁止改变用途的原因

基础设施、水系、绿地和公共服务设施是城乡建设和发展重要的物质基础和资源，也是保障城乡居民生产、生活所必备的条件。随着经济社会的快速发展，这类用地的规划与保护工作也取得了显著的进步，为城乡的健康、可持续发展提供了较好的物质基础。

但是，一些城市、镇和乡村的基础设施、公共设施、水系、绿地等的规划与保护也出现了不少问题，擅自改变规划中的基础设施用地和绿地性质、侵占基础设施用地的现象屡有发生，随意在基础设施用地和绿地的规划控制范围内突破控制进行建设活动的情况屡禁不止，已经严重影响到基础设施的安全运行，并直接造成人居环境质量的严重下降；一些地方将水体当成了"摇钱树"，滨水地区被过量用于房地产开发，地表水被过度开发和无序利用，造成滨水地区景观和生态环境的破坏，一些地方的水源受到工业废水、生活污水和水产养殖的影响，导致水源地受到污染，有些地方的水体甚至成为"纳污载体"，城乡供水安全受到重大威胁，有的已经产生极为严重的后果。事实证明，如果不对城乡规划中确定的基础设施和公共服务设施用地、水系、绿地等进行严格的管制，将会直接造成安全隐患，导致人居环境的下降，阻碍城乡建设的健康、有序发展。

针对上述问题，原建设部先后颁布了《城市绿线管理办法》《城市黄线管理办法》《城市蓝线管理办法》等部门规章，通过建立并严格实行城市绿线、蓝线、黄线等管理制度，确保城市各级绿地得到落实，确保水资源得到保护和合理利用，保障基础设

施安全、高效运转，从而保障城市运行的安全、稳定和人居环境的不断提高。

上述这几类用地性质用途兼容性极小，《城乡规划法》中明确，这几类用地一经批准不得擅自改变用途。这不仅表明对保障城乡发展建设与运行过程中安全、稳定的重视，也表明城乡规划编制和管理的重点要转向更加注重保护和合理利用各种资源，更加注重保障和落实城乡关键基础设施的布局。认真落实这一法律规定，对于满足城市经济发展和人民生活的需求，保障城乡发展过程中的安全，创造良好的人居环境，促进城市健康可持续发展等，都具有十分重要的意义。

八、城乡规划实施管理制度

《城乡规划法》规定，我国城镇规划实施管理实行"一书两证"（选址意见书、建设用地规划许可证和建设工程规划许可证）的规划管理制度，我国乡村规划管理实行乡村建设规划许可证制度。

法律规定的选址意见书、建设用地规划许可证、建设工程规划许可证、乡村建设规划许可证构成了我国城乡规划实施管理的主要法定手段和形式，其中核发选址意见书属于行政审批，建设用地规划许可、建设工程规划许可或乡村建设规划许可属于行政许可。行政许可是行政机关依法对社会、经济事务实行事前监督管理的一种重要手段，城乡规划许可是城乡规划主管部门应建设单位或个人的申请，通过颁发规划许可证等形式，依法赋予该单位或个人在城乡规划区内获取土地使用权、进行建设活动的法律权利的行政行为。

具体而言，选址意见书是城乡规划主管部门依法审核建设项目选址的法定凭据；建设用地规划许可证是经城乡规划主管部门依法审核，建设用地符合城乡规划要求的法律凭证；建设工程规划许可证是经城乡规划主管部门依法审核，建设工程符合城乡规划要求的法律凭证；乡村规划许可证是经城乡规划主管部门依法审核，在集体土地上有关建设工程符合城乡规划要求的法律凭证。

城乡规划实施管理制度的建立对引导、协调和控制各类实施城乡规划的活动，保障城乡规划得到有效实施，以及维护公共利益和社会秩序，保护公民、法人和其他组织的合法权益等，都具有十分重要的意义。

一些地方在实践中，为了提高土地使用效率，杜绝恶意炒作土地或抬高房价，规定了选址意见书、建设用地规划许可证、建设工程规划许可证的有效期。如获得选址意见书后一定时限内未获得立项批准文件的、获得建设用地规划许可证后一定时限内未获准取得土地使用权属文件的、获得建设工程规划许可证后一定时限内未获得开工许可证件的，可以规定相应许可证件失效。各地可以根据本地的实际情况加以规定。

由于各地情况有所不同，因此应当根据本地实际，依据《城乡规划法》的规定，在相应的地方法规中明确核发选址意见书、建设用地规划许可证、建设工程规划许可证的具体程序，以保证城乡规划实施许可制度的有效落实。

九、建设项目选址意见书的意义、适用范围和办理程序

城乡建设是由性质不一、数量巨大、类型众多的建设项目构成的一项复杂的系统工程，每一个建设项目都与城市的自然环

境、城市的功能布局和空间形态以及城市的基础设施和公共服务设施等密切联系，既相互促进又相互制约。因此，建设项目的选址，不仅对建设项目本身的成败起着决定性的作用，而且对城市的布局结构和发展将产生深远的影响。一个选址合理的建设项目可以对城市长远的发展起到促进作用，同样，一个选址失败的建设项目也会阻碍城市的长远发展。在建设项目可行性研究阶段，通过对建设项目选址的宏观管理，一方面，可将各项建设的安排纳入城乡规划的轨道，使单个建设项目的安排也能从城市的全局和长远的利益出发，经济、合理地使用土地。另一方面，可通过政府宏观管理，调整不合理的用地布局，改善城乡环境质量，为城乡经济运行和社会活动及人民生产、生活提供理想的空间环境。对规划选址作出严格的法律规定，有利于增强政府宏观调控能力，保证各项建设有计划、按规划进行，最终取得良好的经济效益、社会效益和环境效益。通过建设项目选址意见书的核发，既可以从规划上对建设项目加以引导和控制，充分合理利用现有土地资源，避免各自为政，无序建设；又可以为项目审批或核准提供依据，对于促进从源头上把好项目开工建设关，维护投资建设秩序，促进国民经济又好又快发展有重要意义。因此，建设项目选址管理可以说是城乡规划实施的首要环节与关键环节。

《城乡规划法》第三十六条第一款规定："按照国家规定需要有关部门批准或者核准的建设项目，以划拨方式提供国有土地使用权的，建设单位在报送有关部门批准或者核准前，应当向城乡规划主管部门申请核发选址意见书。"其中，按照国家规定需要有关部门批准或者核准的建设项目是指列入《国务院投资体制改革的决定》之中的项目。另外，《国务院办公厅关于加强和规范新开工项目管理的通知》（国办发［2007］64号）中强调要依法加强和规范新开工项目管理，严格规范了投资项目新开工条件，表明在建设项目可行性研究阶段，国家对建设项目选址的宏观管理主要是通过计划管理、规划管理、土地管理和环境管理来实现的。其中，规划管理主要体现为建设项目的规划选址审批制度。对未取得规划选址审批文件的项目，发改委等部门不得予以审批或核准。符合《城乡规划法》的规定要求应当申请选址意见书的或按照国办发〔2007〕64号文的规定需要发改委批准或核准的建设项目，都应当申请核发选址意见书。

随着国家投资体制和政府行政管理体制改革的深化，空间管理的作用越发重要，2002年国务院下发的《国务院关于加强城乡规划监督管理的通知》（国发〔2002〕13号）明确要求："区域重大基础设施建设，必须符合省域城镇体系规划确定的布局和原则。"省域城镇体系规划的实施主体是省级人民政府及其授权的城乡规划主管部门，具有区域性影响的重大建设项目和跨城市行政区的能源管道、引水工程、公路、铁路等线性基础设施建设项目，需要从区域全局发展的角度确定建设项目区位，应由省级规划主管部门（省、自治区建设厅）依据省域城镇体系规划提出选址要求。

重大建设项目大多具有区域性影响，属于国家规定需要有关部门批准或者核准的，一般多以划拨方式提供国有土地使用权。省级城乡规划主管部门对建设项目的选址管理，为各省（自治区）有效实施省域城镇体系规划提供了重要的保证手段。各省（自治区）建设厅要按照《城乡规划法》的要求，进一步细化区域重大建设项目和跨城市行政区建设项目的选址程序，规范政府行为，将省级规划选址纳入制度化、法制化轨道。

建设项目选址意见书适用于按国家规定需要有关部门进行批准或核准或者通过划拨方式取得土地使用权的建设项目，其他建设项目则不需要申请选址意见书。这主要是因为，随着国有土地使用权有偿出让制度的全面推行，除划拨使用土地的项目（主要是公益事业项目）外，都将实行土地使用有偿出让。对于建设单位或个人通过有偿出让方式取得土地使用权的，按照《城乡规划法》的规定，出让地块必须附具城乡规划主管部门提出的规划条件，规划条件要明确规定出让地块的面积、使用性质、建设强度、基础设施、公共设施的配置原则等相关要求。由此可见，通过有偿出让方式取得土地使用权的建设项目本身就具有与城乡规划相符的明确的建设地点和建设条件，不再需要城乡规划主管部门进行建设地址的选择或确认。

对于需要有关部门进行批准或核准，或通过划拨方式取得用地使用权的建设项目，从实施城乡规划的要求看，城乡规划管理首先应对其用地情况按照批准的城乡规划进行确认或选择，保证建设项目的选址、定点符合城乡规划，有利于城乡统筹发展和城乡各项功能的协调，才能办理相关规划审批手续。

选址意见书作为法定审批项目和划拨土地的前置条件，省、市、县人民政府城乡规划主管部门收到申请后，应根据有关法律法规规章和依法制定的城乡规划，在法定的时间内对其申请作出答复。对于符合城乡规划的选址，应当颁发建设项目选址意见书；对于不符合城乡规划的选址，应当说明理由，给予书面答复。对于跨行政区域的建设项目可以向上级城乡规划主管部门申请办理选址意见书，国家级的重大建设项目可向省级城乡规划主管部门申请办理选址意见书。

十、在划拨用地的情况下，建设用地规划许可证的办理程序

我国建设单位的土地使用权获得方式有两种：土地使用权无偿划拨和有偿出让。《中华人民共和国城市房地产管理法》（以下简称《城市房地产管理法》）第二十三条规定，土地使用权划

拨是指县级以上人民政府依法批准，在土地使用者缴纳补偿、安置等费用后将该幅土地交付其使用，或者将土地使用权无偿交付给土地使用者使用的行为。第二十四条规定，划拨用地共包括四大类：国家机关用地和军事用地，城市基础设施用地和公益事业用地，国家重点扶持的能源、交通、水利等项目用地以及法律、行政法规规定的其他用地。由此可见，划拨土地主要用于保障社会公共事业用地。社会公共事业与广大群众的切身利益息息相关，与全社会的公共利益紧密相连，它的建设需要大量资金的投入，建成后投资方却难以获得丰厚利润，因此鲜有企业能够承担且愿意承担公共事业的建设。由国家无偿划拨公共事业建设用地，则可以确保社会公共事业用地的需要，节省建设投资成本，保障社会公共事业的顺利建成。

法定的划拨用地的建设用地规划许可证办理程序是：建设单位在取得人民政府城乡规划主管部门核发的建设项目选址意见书后，建设项目经有关部门批准、核准、备案后，向城市（县）人民政府城乡规划主管部门送审建设工程设计方案，申请建设用地规划许可证。

城市、县人民政府城乡规划主管部门应当审核建设单位申请建设用地规划许可证的各项文件、资料、图纸等是否完备，并依据控制性详细规划，审核建设用地的位置、面积及建设工程总平面图，确定建设用地范围。对于具备相关文件且符合城乡规划的建设项目，应当核发建设用地规划许可证；对于不符合法定要求的建设，应当说明理由，给予书面答复。

建设单位只有在取得建设用地规划许可证，明确建设用地范围及界线之后，方可向县级以上地方政府土地主管部门申请用地，经县级以上人民政府审批后，由土地主管部门划拨土地。

十一、在土地有偿使用的情况下，建设用地规划许可证的办理程序

《城市房地产管理法》第八条规定，土地使用权出让，是指国家将国有土地使用权在一定年限内出让给土地使用者，由土地使用者向国家支付土地使用权出让金的行为。土地使用权出让可以采取招标、拍卖、挂牌出让或者双方协议的方式。根据现行法规政策规定，凡商业、旅游、娱乐和商品住宅等各类经营性用地，必须以招标、拍卖或者挂牌方式出让。土地使用权出让制度的实施，适应了社会主义市场经济制度的要求，有利于通过市场竞争机制优化土地资源配置、实现土地的经济价值，从而提高土地使用效率，增加国家财政收入。

通过国有土地使用权有偿出让方式取得土地的建设单位办理建设用地规划许可证的程序是：在国有土地使用权出让前，城市、镇人民政府城乡规划主管部门应当依据控制性详细规划，提出出让地块的位置、使用性质、开发强度等规划条件，作为国有土地使用权有偿出让合同的附件，在签订国有土地使用权有偿出让合同、申请办理中国法人的登记注册手续、申领企业批准证书后，持建设项目的批准、核准、备案文件和国有土地使用权有偿出让合同，向城市、县人民政府城乡规划主管部门申请办理建设用地规划许可证。城市、县人民政府城乡规划主管部门，应当审核建设单位申请建设用地规划许可证的各项文件、资料、图纸等是否完备，并依据依法批准的控制性详细规划，对国有土地使用权出让合同中规定的规划设计条件进行核验，审核建设用地的位置、面积及建设工程总平面图，确定建设用地范围。对于具备相关文件且符合城乡规划的建设项目，应当核发建设用地规划许可

证；对于不符合法定要求的建设项目，应当说明理由，给予书面答复。

十二、进行国有土地使用权出让应当具备的规划条件

随着国有土地有偿使用制度改革的深入，土地供给方式发生了深刻变化。为适应土地供给的逐步市场化，切实加强和改进国有土地使用权出让的规划管理，在国有土地使用权出让过程中，城乡规划主管部门必须充分发挥综合调控作用，加强对国有土地使用权出让的指导和调控，保障法定城乡规划的有效实施，进而促进城乡经济社会的有序发展。

法定的控制性详细规划以城市、镇总体规划为依据，细分地块，并对具体地块的土地利用和建设提出控制指标和规划管理要求，明确了规划地块内的面积、使用性质、建设强度、基础设施、公共设施的配置原则等相关控制指标和要求，是城乡规划主管部门引导和控制土地使用和各项建设活动的基本依据。根据控制性详细规划，确定规划条件，限定建设单位在进行土地使用和建设活动时必须遵循的基本准则，强化了城乡规划主管部门对国有土地使用状况的规划调控和引导，有利于促进土地利用符合规划确定的发展目标，为实现城乡协调、可持续发展提供了保障。城市、县人民政府城乡规划主管部门应当依据控制性详细规划，提出规划条件，作为国有土地使用权出让合同的组成部分。

单位和个人在城市、镇的规划区内以出让方式取得国有土地使用权的，在签订国有土地使用权出让合同后，应当持建设项目的批准、核准、备案文件和国有土地使用权出让合同，申请领取建设用地规划许可证。城市、县人民政府城乡规划主管部门应当

依据控制性详细规划，核定规划条件后，核发建设用地规划许可证。

规划条件必须作为国有土地使用权出让合同的必要组成部分，建设单位或个人只有在取得建设用地规划许可证之后，方可向有关部门申请办理土地权属证明。凡是违背这一法律规定的，依据《城乡规划法》，都要承担相应的法律责任。

十三、建设工程规划许可证的适用范围和办理程序

建设工程的种类繁多，性质各异，但归纳起来可以分为建筑工程、市政交通工程和市政管线工程三大类。建筑工程具有不可移动的特点，在建成后，出现频繁改建或者必须拆除等情况，会对国家、集体和个人造成重大损失；市政交通工程的位置与功能在城乡规划中都有明确的定位，只有严格依据规划实施建设，才可能充分发挥其在整体交通系统中应有的功能；市政管线工程的施工会对道路交通、相邻管线、行道树等产生较大影响，需要通过规划对各类管线进行综合协调，才可能最大限度地减少矛盾。通过对建设工程的规划许可，一是可以确认城市中有关建设活动符合法定规划的要求，确保建设主体的合法权益；二是可以作为建设活动进行过程中接受监督检查时的法定依据；三是可以作为城乡建设档案的重要内容。因此，在建设工程规划管理中，对于建筑物、构筑物、道路、管线和其他工程的建设活动，依据经法定程序批准的城乡规划，依法严格实施建设工程规划许可，是保障城乡规划有效实施，防止对城乡建设健康、有序发展构成不利影响的前提。

建设单位或者个人办理建设工程规划许可证，应当按照法律的规定，向所在城市、县人民政府城乡规划主管部门或者经省级

人民政府确定的镇人民政府提出申请，并提交使用土地的有关证明文件、建设工程设计方案图纸，需要编制修建性详细规划的还应当提供修建性详细规划及其他相关材料。城市、县人民政府城乡规划主管部门收到建设单位或个人申请后，应在法定期限内对申请人的申请及提交的资料进行审核。审核具体内容包括：一是要审核申请人是否符合法定资格，申请事项是否符合法定程序和法定形式，申请材料、图纸是否完备等；二是要依据控制性详细规划、相关的法律法规以及其他具体要求，对申请事项的内容进行审核；三是依据控制性详细规划对修建性详细规划进行审定。对于符合条件的申请，颁发机关要及时给予审查批准，并在法定的期限内颁发建设工程规划许可证；经审查认为不合格并决定不予许可的，应说明理由，并给予书面答复。

修建性详细规划分为两种情况，一种是指城镇中的历史文化街区、重要的景观风貌区、重点发展建设区等城市重要地段，由所在的人民政府决定，城乡规划主管部门组织编制，报人民政府审定；另一种是指可能涉及周边单位或者公众切身利益，必须进行严格控制的成片开发建设地段，由城乡规划主管部门决定并对其进行审定。

十四、乡村建设的规划许可和程序

《城乡规划法》规定，在乡、村庄集体土地上的有关建设工程，应当办理乡村建设规划许可证。设置这项规划许可制度，一是有利于保证有关的建设工程能够依据法定的乡规划和村庄规划；二是有利于为土地管理部门在乡、村庄规划区内行使权属管理职能提供必要的法律依据；三是有利于维护建设单位按照规划使用土地的合法权益。

建设单位或个人在乡、村庄规划区内进行乡镇企业、乡村公共设施和公益事业等建设活动，应当向所在乡、镇人民政府提出申请，由乡、镇人民政府进行审核后，报城市、县人民政府城乡规划主管部门核定发放乡村建设规划许可证。审核的主要内容是确认建设项目的性质、规模、位置和范围是否符合相关的乡规划和村庄规划；核定的主要内容是有关建设活动是否符合交通、环保、防灾、文物保护等方面的要求。建设单位或者个人在取得乡村建设规划许可证后，方可向城市、县人民政府土地管理部门申请办理用地审批手续。

从落实严格保护耕地的要求出发，《城乡规划法》明确规定，在乡、村庄规划区内进行乡镇企业、乡村公共设施和公益事业建设以及农村村民住宅建设，不得占用农用地。若确需占用农用地，有关单位或者个人则应当依据《土地管理法》的有关规定，在办理农用地转用审批手续后，再申请办理乡村建设规划许可。

在乡、村庄规划区内使用原有宅基地进行农村村民住宅建设的不涉及用地性质的调整，加之各地经济发展、社会、文化、自然等情况差异较大，农村住宅建设状况不尽相同，为方便村民，管理程序可以相对简单。为此《城乡规划法》规定，这类建设的具体规划管理办法由省、自治区、直辖市制定，以体现实事求是、因地制宜的原则。

十五、关于城乡规划实施中的公众参与

通过一定的法定程序，让公众参与行政许可，是相关法律赋予公众的权利。《城乡规划法》就规划实施许可的程序、条件、过程和结果的公示与公开作出了明确规定，对于提高公共决策的

科学性和民主性，增强市民的参与性和主体意识，具有深远的意义。公众参与到城乡规划许可的过程之中，能够更加深入地了解和参与城乡规划，有利于协调思想、减少矛盾、形成共识，促使在取得社会与公众理解与支持的基础上，保证城乡规划更加有效的实施，进而推动和谐社会的建设。

在《城乡规划法》中，明确规定了公众参与在城乡规划实施管理过程中的地位，公众参与的渠道与方式，对公众意见的采纳与信息反馈的方式等。其主要特征是通过在不同的法定程序中确定必须公示的原则，促使城乡规划实施许可更加透明化和公开化，使得公众可以更加了解规划实施的过程，并以受到法律保护的方式充分表达自己的意见。

具体地讲，《城乡规划法》中关于城乡规划实施中公众参与的规定包括以下方面。

第一，规划实施的行政许可依据必须公开的规定。法定城乡规划是规划许可的直接依据，法律明确规定，有关人民政府和城乡规划主管部门有责任将包括总体规划、详细规划等与社会和公众的利益直接相关的规划方案，在编制过程中和批准后，都要通过媒体、公共展览场所等有效方式向公众展示，听取社会和公众提出的合理意愿和要求，从而保证规划的制定能够更加科学、合理、有效和透明，也有利于激发公众在真正了解的基础上进行监督的积极性，促使规划实施许可能够有效地遵守规划。

第二，修改规划实施的行政许可，必须经过公开的程序。法律明确规定，修改经法定程序批准的城乡规划，必须将有关方案按照法定期限进行公示。修改控制性详细规划和修建性详细规划，要告知相关利害关系人，并进行听证。这些制度的设立，保证了对修改规划的公开监督，有利于公共利益的保护，更体现了对公民基本权益保障的重视。在实践中，一些规划许可的申请，可能涉及申请人与第三人之间的民事相邻权关系，如项目的实施可能对其周围的个人、组织造成环境污染、采光影响等，给经营环境和生活环境带来较大的影响，导致对其他人的直接损害，在这种情况下，城乡规划主管部门应当充分听取利害关系人的意见，也可以根据利害关系人的申请举行听证。

第三，规划行政许可程序与许可决定必须公开的规定。对于包括办事制度、工作程序、审批时限、投诉渠道等内容的规划行政许可程序，以及已经确定的规划行政许可决定，有关人民政府和城乡规划主管部门都有责任依法向社会公开，保障被许可人、利害相关人和公众的知情权，接受社会和公众的监督，加强对行政机关的监督和管理。

《城乡规划法》确立的城乡规划行政许可过程中的公众参与制度，是我国城乡规划管理工作体制和机制适应社会主义市场经济体制、适应社会主义民主制度建设的体现，具有重大而深远的意义。与此同时，这些规定也对我国现有的城乡规划实施管理工作提出了新的、更高的要求，如何依法在规划行政许可过程中追求公开、公正、公平环境的同时，保持工作有效性和高效率，还需要各地依据法律规定，根据本地实际情况，制定更加详细和可操作的程序，对这项工作进行规范。

十六、变更规划条件应当遵循的原则和程序

城乡规划主管部门在国有土地使用权出让时给定的规划条件，都要依据经批准的城乡规划并通过相关的法定程序进行，具有法律的严肃性，在一般情况下是不得变更的。但若规划实施过程中出现了特殊情况，确需变更的，必须由相关单位或者个人向城乡规划主管部门提出申请并说明变更的理由，城乡规划主管部门只有在申请变更的内容符合法定控制性详细规划的前提下，才

可以考虑批准变更。

控制性详细规划是城乡规划主管部门对城乡土地使用和各项建设活动进行调控和引导的法定依据，是城乡规划主管部门制定规划条件的基本前提，规划条件只是对控制性详细规划规定的具体地块的控制指标和土地使用要求的深化和具体化。相关单位或者个人向城乡规划主管部门提出的变更申请，如果不符合控制性详细规划，城乡规划主管部门是无权同意变更的。如果城乡规划主管部门认为这种变更确实是必要的，就应当先按照法律规定的程序，首先对控制性详细规划的有关内容进行修改，这是变更规划条件必须遵循的原则。

变更规划许可条件应当遵循的程序是，建设单位或者个人向城乡规划主管部门提出申请，就变更的目的、理由及依据等进行说明；城乡规划主管部门就申请变更内容进行审核，对不符合控制性详细规划的不予批准，对符合控制性详细规划批准的变更申请，应及时将变更的规划条件进行公示并向土地主管部门通报；土地主管部门应当依据变更后的规划条件与建设单位或者个人重新签订国有土地使用权出让合同，其中非经营性用地改变为经营性用地的，应依法办理招标、拍卖、挂牌出让等手续，需补交土地地价差价的，应按规定补交地价差价。

十七、关于各类临时建设的规划行政许可

临时建设是指城镇中因临时需要进行的结构简易，且必须在规定期限内拆除的建筑物、构筑物或其他设施。临时建设需要占用城镇特定的公共空间，对城镇日常运行、规划实施等都会产生一定影响，除因特殊需要，必须进行严格的控制。

《城乡规划法》规定，在城市、镇规划区内进行临时建设，

必须向城市、县人民政府城乡规划主管部门申请，经批准后方可进行。对于临时建设的规划许可应当遵循的基本原则，一是不得对近期建设规划的实施构成影响；二是不得对城乡的交通、市容、安全等构成干扰性影响；三是不得对周边环境构成干扰性影响，确实无法完全避免的，应当依法给予补偿；四是必须明确规定临时建设建成后的使用期限，并明确在规定期限内自行拆除的要求。

由于我国规定的情况差异较大，不同地区城镇临时建设工程的用途和使用周期也不尽相同，《城乡规划法》规定，临时建设许可管理办法由各省、自治区、直辖市人民政府负责制定，各地应当根据本地的具体情况，注意在相应的地方法规和规章中确定具体的临时建设和临时用地的许可事项、许可内容和审批程序。

十八、关于建设工程竣工后的规划核实

建设工程从开工至竣工是一个连续的产品生产过程，在这个过程中，对于建设单位在建设活动中是否严格遵守规划许可的要求，城乡规划主管部门需要进行必要的监督检查。建设工程竣工后的规划核实，是城乡规划实施监督检查中最重要的、不可忽视的环节。

规划核实应当是建设工程竣工验收之前，城乡规划主管部门进行的建设工程是否符合规划许可的检验，主要是对建设工程是否按建设工程规划许可证及其附件、附图确定的内容进行建设进行现场审核，对于符合规划许可内容要求的，要核发规划核实证明，对于经核实建设工程违反许可的，要及时依法提出处理意见。经规划核实不合格的或者未经规划核实的建设工程，依据相关法律规定，建设单位不得组织竣工验收。

十九、关于建设工程竣工资料的规划管理

城乡规划主管部门收集、整理和保管的建设工程竣工资料是城乡规划工作的重要资料，也是城市建设档案之一。

在城镇建设过程中，没有完整、准确、系统的城镇建设档案资料，城镇的规划和建设就失去了基础依据，城乡规划主管部门的综合协调职能将难以有效行使，从而导致城镇建设的混乱和无序状态，给城镇各项工程建设留下隐患，并对基础设施运行的安全、有效构成严重影响，这一点在地下管线和隐蔽工程的建设过程中，体现得尤为明显。因此，在城镇规划与实施的过程中，必须高度重视城镇建设档案，特别是建设工程竣工验收资料的收集、整理和保管，把城镇规划与建设档案的形成与积累工作，纳入城镇规划管理的程序，建立健全完整、准确、系统的城建档案，为城镇规划和建设提供及时、准确、科学的基础依据。

按照《城乡规划法》的规定，建设单位应当在竣工验收6个月内向城乡规划主管部门报送有关竣工验收资料，对于未按法律规定报送有关竣工验收资料的，要承担相应的法律责任。

第四章　城乡规划的修改

一、设立"城乡规划的修改"一章的意义

　　随着经济与社会的高速发展，我国城镇化进程也处于快速发展阶段，社会主义市场经济体制的建立与完善，使得城乡发展建设的投入多元化，这使我国城乡发展建设呈现出空前的活力。与此同时，我国的城乡发展建设又面临着巨大的资源与环境保护的压力。在这种形势下，坚持科学发展观和构建社会主义和谐社会的指导思想，坚持依法行政，严格依据法定的城乡规划，促进城乡建设健康、有序地发展，成为我国城乡规划工作必须遵循的基本原则。但是，近年来不少地方出于局部的、眼前的利益需要和少数长官意志的要求，违反法定程序随意修改法定规划的现象比较普遍，这不仅导致了资源的不合理利用、环境的破坏，而且对公众的合法权益构成侵害，造成了社会不稳定因素。针对这种状况，国务院提出了一系列明确要求和措施，以切实加强城乡规划

的科学性和严肃性，全过程把关，以促进城乡建设的可持续发展。《城乡规划法》专门设立"城乡规划的修改"一章，其目的就是从法律上明确严格的规划修改制度，防止随意修改法定规划的问题。

在《城乡规划法》的"城乡规划的修改"一章中，规定了修改规划的前提条件和审批、备案等法定程序；确定了因规划修改给有关当事人合法利益造成损失的补偿原则；明确了未按法定程序随意修改规划的有关人民政府和相关责任人的法律责任。完善关于规划修改的法律制度，对于保障规划的严肃性、权威性和科学性，确保法定规划严格依法执行，具有十分重要的意义。同时，关于规划修改中征求利害关系人意见的规定，修改规划造成当事人损失给予补偿的规定，符合《中华人民共和国行政许可法》（以下简称《行政许可法》）和《民法典》的相关要求，体现了以人为本的精神。

二、规定对城乡规划实施进行定期评估的目的

城乡规划是政府指导和调控城乡建设发展的基本手段之一，也是政府在一定时期内履行经济调节、市场监管、社会管理和公共服务职能的重要依据。城乡规划一经批准，即具有法律效力，必须严格遵守和执行。一方面，在城乡规划实施期间，需要结合当地经济社会发展的情况，定期对规划目标实现的情况进行跟踪评估，及时监督规划的执行情况，及时调整规划实施的保障措施，提高规划实施的严肃性。另一方面，对城乡规划进行全面、科学的评估，也有利于及时研究规划实施中出现的新问题，及时总结和发现城乡规划的优点和不足，为继续贯彻实施规划或者对其进行修改提供可靠的依据，提高规划实施的科学性，从而避免

一些地方政府及其领导人违反法定程序，随意干预和变更规划。因此，《城乡规划法》第四十六条规定，省域城镇体系规划、城市总体规划、镇总体规划的组织编制机关，应当组织有关部门和专家定期对规划实施情况进行评估。

《城乡规划法》对城乡规划的实施进行定期评估有以下规定：一是明确了规划评估的范围，省域城镇体系规划、城市总体规划、镇总体规划应当依法定期进行评估；二是对规划评估的方式做了规定，要求省域城镇体系规划、城市总体规划、镇总体规划的组织编制机关，应当组织有关部门和专家定期对规划实施情况进行评估，并采取论证会、听证会或者其他方式征求公众意见；三是对规划评估结果的处置做了规定，要求省域城镇体系规划、城市总体规划、镇总体规划的组织编制机关应当分别向本级人民代表大会及其常务委员会、镇人民代表大会和原审批机关提出评估报告并附具征求公众意见的情况。

对城乡规划实施进行定期评估，是修改城乡规划的前置条件。通过规划评估，可以总结城乡规划实施的经验，发现问题，为修改城乡规划奠定良好的基础。根据《城乡规划法》第四十七条的规定，如果省域城镇体系规划、城市总体规划、镇总体规划经评估确需修改的，其组织编制机关方可按照规定的权限和程序修改上述规划。

三、关于城镇体系规划实施评估的要求

城镇化和城镇发展是一个长期的历史过程，城镇体系规划也是一个动态的发展过程，应按照城镇化和城镇发展变化的实际不断调整已有的规划，更好地发挥规划指导实际工作的作用。我国正处于城镇化快速发展时期，定期对经依法批准的城镇体系规划

实施情况进行总结和评估十分必要。一方面可以监督检查城镇体系规划的执行情况；另一方面也可以针对城镇化发展的阶段特点和规划实施过程中暴露出来的现实问题，修正规划内容，明确规划目标和发展方向，提高规划实施绩效，并为规划的动态调整和修编提供依据。

《城乡规划法》第四十六条规定，省域城镇体系规划的组织编制机关，应当组织有关部门和专家定期对规划实施情况进行评估，并采取论证会、听证会或者其他方式征求公众意见。组织编制机关应当向本级人民代表大会常务委员会和原审批机关提出评估报告，并附具征求意见的情况。省域城镇体系规划的实施总结，要按照城镇发展所面临的新形势、新问题和新要求，分析研究本省（自治区）城乡关系和城镇空间格局呈现出的新特点，总结评估城镇体系规划实施的成效和主要问题，包括规划强制性内容执行情况和对下位规划指导作用发挥情况等，着重分析问题产生的原因，明确进一步改进和完善规划的建议。按照《城乡规划法》的规定确实需要进行规划修编和调整的，需要在省域城镇体系规划的实施评估报告中予以明确。

四、关于城市、镇总体规划实施评估的要求

城市、镇总体规划的实施是城市政府、县政府依据制定的规划，运用多种手段，合理配置城市、镇空间资源，保障城市、镇建设发展有序进行的一个动态过程。由于城市、镇总体规划的规划期时间跨度较长，规划期限一般为 20 年，所以定期对经依法批准的城市、镇总体规划实施情况进行总结和评估十分必要。通过评估，不但可以监督检查总体规划的执行情况；而且也可以及时发现规划实施过程中存在的问题，提出新的规划实施应对措

施，提高规划实施的绩效，并为规划的动态调整和修编提供依据。

《城乡规划法》规定，城市、镇总体规划的组织编制机关，应当组织有关部门和专家定期对规划实施情况进行评估，并采取论证会、听证会或者其他方式征求公众意见，地方各级人民政府应当就实施情况向本级人民代表大会及其常务委员会或者乡、镇人民代表大会报告，组织编制机关应当向本级人民代表大会常务委员会和原审批机关提出评估报告，并附具征求意见的情况。

评估中要全面总结现行城市、镇总体规划各项内容的执行情况，包括城市及镇的发展方向和空间布局、人口与建设用地规模、综合交通、绿地、生态环境保护、自然与历史文化遗产保护、重要基础设施和公共服务设施等规划目标的落实情况以及强制性内容的执行情况，结合城市、镇经济社会发展的实际，通过对照、检查和分析，总结成功经验，查找规划实施过程中存在的主要问题，深入分析问题的成因，研究提出改进规划制定和实施管理的具体对策措施建议，以指导和改进城市、镇总体规划的实施工作。

五、乡规划、村庄规划实施总结的要求

乡规划、村庄规划的有效实施是改善村民生活环境、促进乡村建设、落实科学发展观的重要内容。与城市规划相比，乡、村庄规划有其特殊性，需要从农村实际出发，尊重农民意愿，需要处理好社会主义新农村建设与工业化、城镇化快速发展之间的关系，需要保护好耕地与自然资源，需要加强农村基础设施、生产生活服务设施等的建设。乡、村庄规划的实施将涉及乡、村庄建设的方方面面，对促进农村精神文明建设，培育新型农民，综合

提升农村可持续发展实力有重要意义。对乡规划、村庄规划的实施总结是促进科学制定乡、村庄规划，进一步优化规划管理的重要环节。

乡规划、村庄规划实施总结重点在于了解规划的科学性、适用性以及可操作性。实施总结的主要内容包括：乡、村庄规划的编制完成情况；乡、村庄依据规划进行建设的情况；规划实施过程中与土地利用、国民经济和社会发展相衔接的情况；规划实施中的主要问题等。

农民是乡、村庄的建设者、居住者和使用者，也是规划最直接的利益相关方，规划实施的好与坏，农民最有发言权。因此，农民意见的征求是规划实施总结工作中最重要的部分，乡、镇人民政府在进行规划实施总结时，要采取多种方式认真听取农民意见。

此外，乡、村庄规划的顺利实施需要各个部门的通力合作，因此，对实施情况进行总结应组织有关部门和专家共同参与，以提高规划实施总结的科学性，也为规划的进一步优化提供技术上的保障。乡、村庄规划的实施总结可以根据实际情况定期进行，以便于及时反馈规划实施中的问题，及时调整和优化规划，提高规划实施管理效能。

六、修改城乡规划的条件

在城乡规划的实施过程中，城乡规划主管部门需要协调处理好多方面的关系，如城乡规划的严肃性与实施环境的复杂性、多变性之间的矛盾，城乡近期建设和远期发展的矛盾，整体利益与局部利益的矛盾，经济发展和保护历史文化遗产的矛盾等。在这其中，妥善处理城乡规划的严肃性与实施环境的复杂性、多变性之间的矛盾尤为重要。

城乡规划一经批准便具有法律效力，在城乡规划实施过程中必须严格执行，以保证城乡建设的有序、协调和可持续发展。但是在城乡规划实施过程中，影响城乡建设和发展的各种因素总是不断发展变化的。对于这些因素的发展变化，有些是可以预料的，可以在城乡规划制定阶段，通过规划编制，采取相应的措施予以应对或解决；有些虽已预料，但在实施规划的过程中，发现原有的应对措施不尽完善；有些因素则是无法预料到的。这就使得城乡规划的实施会面临许多新的情况，产生许多新的问题。城乡规划在实施过程中做局部的调整或修改，不仅是可能的，而且是必要的。这就要求在城乡规划管理的过程中，必须坚持科学的态度，采取科学的方法，提出切实可行的应对方案。从这层意义上说，城乡规划修改体现了城乡规划管理的动态性，不仅是对城乡规划的进一步深化，也是对城乡规划的优化与完善。

依照《城乡规划法》的规定，对于依法批准的省域城镇体系规划、城市总体规划、镇总体规划，不得随意进行调整与修改。同时，在维护规划实施严肃性的前提下，《城乡规划法》考虑到规划实施的动态过程以及实施的复杂性，对规划修改的条件作出了规定，当出现下列五种情况之一时，可以依法进行规划修改。

第一，上级人民政府制定的城乡规划发生变更，提出修改规划要求的。这是因为，城乡规划的制定必须以上级人民政府依法制定的城乡规划为依据，必须在规划中落实上级人民政府在上位规划提出的控制要求。而当上级人民政府制定的规划发生变更时，就应当根据情况及时调整或修改相应的下位规划，否则的话，就会造成上下位规划之间的脱节，导致规划实施的失控。

第二，行政区划调整需修改规划的。行政区划是国家的结构体制安排，是国家根据政权建设、经济建设和行政管理的需要，遵循有关的法律规定，充分考虑政治、经济、历史、地理、人口、民族、文化、风俗等客观因素，按照一定的原则，将全国领土划分成若干层次和大小不同的行政区域，并在各级行政区域设置相关的地方机关，实施行政管理。城乡规划的编制和实施，与行政区划及城乡建制有着密切的关系。依据《城乡规划法》的规定，地方城乡规划主管部门只能在政府行政管辖区域内依法行使城乡规划的实施管理职能。因此，行政区划的调整将会影响城乡规划的实施。从保障城乡规划依法实施的角度出发，应该在行政区划调整后，及时根据情况作出规划修改。

第三，因国务院批准重大建设工程确需修改规划的。国务院批准的重大建设工程项目，是从国家经济社会发展全局的考虑进行选址建设的。毫无疑问，这些重大建设项目对国家的发展具有举足轻重的作用，同时也会对项目所在地的区域发展带来重要影响。从城乡规划的角度而言，要认真研究重大建设工程对城镇发展、用地布局以及基础设施的影响问题，做好协调工作。例如，大型工业企业选址就涉及城镇的交通运输、能源供应、污染物排放与处理、生活居住等设施的衔接，其布点与城镇的发展方向、用地布局和环境质量有着密切关系，有时甚至会造成城镇性质与布局结构的重大变更，对城镇发展产生深远的影响。因此，对于国务院批准的重大建设工程，应根据情况作出相应的规划修改。

第四，经评估确需修改规划的。地方人民政府在实施省域城镇体系规划、城市总体规划、镇总体规划的过程中，如果发现规划规定的某些基本目标和要求已经不能适应城市经济建设和社会发展的需要，如由于产业结构的重大调整或者经济社会发展方面的重大变化，造成城市发展目标和空间布局等的重大变更，要通过认真的规划评估，来确认是否有必要对规划进行修改。如果规划评估认为，确有必要对原规划作出相应修改的，要依法进行修改。

第五，城乡规划的审批机关认为应当修改规划的其他情形。城乡规划审批机关从统筹全局和区域发展的需要出发，认为确有必要对有关城乡规划进行调整的，应责成有关地方人民政府组织进行规划的修改工作。

七、修改城镇体系规划应当遵循的原则和程序

《城市规划法》实施以来，省域城镇体系规划工作得到加强，现有技术规范基本是由国家制定的，制定中的首要任务是积极推进了缺项技术规范的制定；同时对已经颁布实施的技术规范，特别是关键性的技术规范，本着实事求是的态度进行了研究并加以完善，维护了技术规范的权威性。近年来，一些省（自治区）的省域城镇体系规划即将到期，已着手修编规划；一些省（自治区）根据规划实施中出现的新情况和新问题，需要通过调整和修编规划，进一步改进和完善规划内容，强化规划的约束力，提高规划的可操作性。针对这些情况，《城乡规划法》第四十七条对省域城镇体系规划修改的条件和程序作出了规定。原建设部在2007年也下发了《关于加强省域城镇体系规划调整和修编工作管理的通知》（建规［2007］88号）（现已废止），根据修改程度的差异，将修改省域城镇体系规划细化为修编和调整两类。修编省域城镇体系规划的内容包括：城镇化发展目标和发展战略、城镇体系结构、城镇建设用地规模、空间开发管制等规划重大问题的变更。

为加强对省域城镇体系规划调整和修编工作的管理，省域城镇体系规划的修改必须按程序进行。《城乡规划法》规定，修改省域城镇体系规划前，组织编制机关应当对原规划的实施情况进行总结，并向原审批机关报告，经同意后，方可编制修

改方案。

修编后的省域城镇体系规划，要依据《城乡规划法》第十三条和第十六条规定的审批程序报批。

八、修改城市总体规划、镇总体规划应当遵循的原则和程序

城市总体规划、镇总体规划是城镇发展建设的基本依据，一经批准，就具有法定效力，任何单位和个人不得随意修改，以维护城市规划的权威性、严肃性。同时，为了应对城镇发展建设过程中出现的新情况、新问题，也有必要对总体规划的修改作出相应规定，以进一步改进和完善规划内容，提高规划的可操作性。《城乡规划法》对修改城市总体规划、镇总体规划的条件和程序作出了明确规定。一是明确了总体规划修改的前提条件。《城乡规划法》第四十七条规定，当有上级人民政府制定的城乡规划发生变更、行政区划调整、国务院批准重大建设工程、经评估确需修改规划的以及城乡规划的审批机关认为应当修改规划五种情形之一的，组织编制机关方可按照规定的权限和程序修改城市总体规划。二是明确了总体规划修改的程序。在修改城市总体规划、镇总体规划前，组织编制机关应对原规划的实施情况进行总结和评估。然后向原规划审批机关提交总结报告，对拟修改的内容及调整预案作出说明，经原审批机关同意后，方可进行规划的修改工作。修改后的城市、镇总体规划在履行法律规定的审查、公告、人大审议等程序后，报原审批机关审批。三是对修改规划强制性内容的程序做了特别规定。要修改城市、镇总体规划涉及强制性内容的，编制组织单位必须先向原审批机关提出修改规划强制性内容的专题报

告，对修改规划强制性内容的必要性作出专门说明，经原批准机关审查同意后，方可进行修改工作。

九、修改乡规划、村庄规划应当遵守的程序

乡规划、村庄规划经批准后，应当严格执行，不得随意改变。

修改乡规划、村庄规划必须依照相应的编制规划的审批程序进行报批。乡、镇人民政府组织修改乡规划、村庄规划，报上一级人民政府审批。修改后的村庄规划在报送审批前，应当经村民会议或村民代表会议讨论同意。

十、修改近期建设规划必须遵循的原则和程序

近期建设规划是对已经依法批准的城市、镇总体规划的分阶段实施安排和行动计划。

修改近期建设规划，首先必须符合城市、镇总体规划。近期建设规划内容的修改，只能在总体规划的内容限定范围内，对实施时序、分阶段目标和重点等进行调整。在实际工作中，绝不能通过对近期建设规划的修改，变相修改城市总体规划的内容。任何超出依法批准的城市、镇总体规划内容的近期规划内容，不具有法定效力。

近期建设规划的修改由城市、县、镇人民政府组织进行。修改后的近期建设规划要依法报城市、镇总体规划批准机关备案。

十一、修改详细规划必须遵循的原则和程序

第一，关于控制性详细规划的修改。控制性详细规划是城市、镇实施规划管理最直接的法律依据，更是国有土地使用权出让、开发和建设的法定前置条件，直接决定着土地的市场价值，决定着利益相关人的切身利益。任何单位和个人，不得擅自修改控制性详细规划的内容。

修改控制性详细规划的，必须严格按法定程序进行。根据《城乡规划法》的规定，修改控制性详细规划的，组织编制机关应当对修改的必要性进行论证，征求规划地段内利害关系人的意见，并向原审批机关提出专题报告，经原审批机关同意后，方可编制修改方案。修改后的控制性详细规划，经本级人民政府批准后，报本级人民代表大会常务委员会和上一级人民政府备案。控制性详细规划的修改必须符合城市、镇的总体规划。控制性详细规划修改涉及城市总体规划、镇总体规划强制性内容的，应当按法律规定的程序先修改总体规划。在实际工作中，为提高行政效能，如果控制性详细规划的修改不涉及城市或镇总体规划强制性内容，可以不必等总体规划修改完成后，再修改控制性详细规划。

第二，关于修建性详细规划的修改。要认识两个方面的因素，一是修建性详细规划是控制性详细规划的进一步落实，其修改必须符合控制性详细规划的要求，不得涉及对控制性详细规划内容的修改，否则修改的内容不具有法定效力；二是经批准的修建性详细规划在实施或部分实施时，尤其是在出售和设施开始使用后，修建性详细规划的修改必将对相关人群造成影响。近年来，各地因修建性详细规划修改引发的诉讼不在少数，反映出市

民的维权意识不断增强，从而要求城乡规划主管部门在实际工作中，对修改修建性详细规划这项工作要特别慎重，更要防止变相修改依法批准的控制性详细规划的不良倾向。《城乡规划法》第五十条规定了修改修建性详细规划的程序。经依法审定的修建性详细规划、建设工程设计方案的总平面图不得随意修改；确需修改的，城乡规划主管部门应当采取听证会等形式，听取利害关系人的意见。

十二、关于因规划修改调整给当事人造成损失的补偿原则

《城乡规划法》第五十条规定，在核发有关许可后，因依法修改城乡规划给被许可人合法权益造成损失的，应依法给予补偿。这体现了对公众合法权益的尊重和保护，也对修改规划的行为提出了更高要求。

城乡规划主管部门依据经法定程序批准的城乡规划，核发选址意见书、建设用地规划许可证、建设工程规划许可证或者乡村建设规划许可证。在有关许可核发后，规划主管部门不得擅自改变已经生效的行政许可。但由于客观情况发生了重大变化，出于公共利益的需要，城乡规划可以依法作出相应的修改。而根据修改后的城乡规划，有可能导致城乡规划主管部门变更或者撤销原发放的规划许可的情况出现，这时就要依照《行政许可法》《城乡规划法》等法律的规定，对被许可人合法权益的损失进行补偿。这种补偿是指行政机关的合法行政行为给公民、法人或其他组织的合法权益造成损失所给予的行政补偿。《城乡规划法》就因规划修改可能导致当事人合法权益损失的情况，规定了必须依法对当事人给予补偿的原则：一是因按照法定程序修改规划，给

已取得选址意见书、建设用地规划许可证、建设工程许可证或者乡村建设规划许可证其中之一的被许可人的合法利益造成损失的，应当依法给予必要的补偿；二是修改法定的修建性详细规划、建设工程设计方案总平面图的，在符合规划和间距、采光、通风、日照等法规、规范要求的前提下，城乡规划主管部门应当采取听证会等形式，听取利害关系人的意见。其中因修改给利害关系人合法权益造成损失的，应当依法给予利害关系人补偿。补偿的前提条件有两个，一是对公民、法人等的财产造成了损失；二是财产损失与变更或者撤销原发放的规划许可有直接的、必然的联系。

第五章　监督检查

一、设立"监督检查"一章的意义

　　城乡规划监督检查贯穿于城乡规划制定和实施的全过程，是城乡规划管理工作的重要组成部分，也是保障城乡规划工作科学性与严肃性的重要手段。近年来，我国对城乡规划制定实施的监督检查有了较大程度的提高和加强。2002 年，国务院下发了《国务院关于加强城乡规划监督管理的通知》（国发［2002］13号），明确要求健全城乡规划的监督管理制度，进一步强化城乡规划对城乡建设的引导和调控作用，促进城乡建设健康有序发展。为了落实国务院的要求，原建设部开展了派驻城乡规划督察员试点、城乡规划效能监察等一系列具体工作，各地人民政府和城乡规划主管部门也在推进城乡规划政务公开、建立完善的城乡规划监督管理制度方面进行了许多有益的探索，在此基础上初步形成了人大监督、行政监督、公众监督等多形式、多层次的城乡规划监督检查体系。但是，由于对城乡规划的监督检查工作缺乏法律形式的严密规范，城乡规划监督检查工作的应有功能尚未充分发挥，一些地方仍然存在行政管理人员法律意识不强、依法办事的能力和水平不高的问题，主要表现是，在城乡规划决策中，透明度和公众参与的程度仍然不够；在管理社会事务中，不同程度地存在不遵守程序、执法不严、不作为、乱作为等。这种状况不仅影响城乡规划行政管理的依法行政效率，影响政府和城乡规划主管部门的形象，而且直接影响到城乡规划的严肃性、权威性。中央有关领导针对《城乡规划法》的修订工作强调指出，要加强城乡规划实施监督，提高城乡规划的严肃性。为此，《城乡规划法》专门设立了"监督检查"一章，强化了对城乡规划工作的人大监督、公众监督、行政监督，以及各项监督检查措施。其目的就是从法律上明确城乡规划的监督管理制度，进一步强化城乡规划对城乡建设的引导和调控作用，促进城乡建设健康有序发展。

二、城乡规划工作的行政监督

行政监督根据监督部门和监督任务的不同，有不同的分类方法以及监督检查的侧重点。在《城乡规划法》中，对于城乡规划工作行政监督的规定包括两个层面的内容。

一是县级以上人民政府及其城乡规划主管部门对下级政府及其城乡规划主管部门执行城乡规划编制、审批、实施、修改情况的监督检查。也就是通常所说的政府层级监督检查。例如，原建设部和四川、贵州等省（市）建立推广的城乡规划督察员制度，即由上级人民政府或其城乡规划主管部门向下级人民政府或其城乡规划主管部门派驻规划督察员，对城乡规划的编制、审批、实施管理工作进行全面督察。目的是强化城乡规划工作的事前和事中监督，形成快速反馈和及时处置的督察机制，及时发现、制止和查处违法违规行为，保证城乡规划和有关法律法规的有效实施，推动地方政府和规划主管部门依法行政，促进党政领导干部在城乡规划决策方面的科学化和民主化；2005 年开始，原建设部、监察部共同开展的城乡规划效能监察工作，着力解决城乡规划工作中存在的滥用职权，不严格执行城乡规划的有关法律法规，规划许可工作拖沓、推诿、扯皮和违规办事，以及城乡规划实施缺乏有效的事前、事中监督，失职、渎职等问题，以促进城乡规划依法行政。这些都属于此类监督检查的范畴。

二是县级以上地方人民政府城乡规划主管部门对城乡规划实施情况进行的监督检查，即通常所说的对管理相对人的监督检查。包括严格验证有关土地使用和建设申请的申报条件是否符合法定要求，有无弄虚作假；复验有关用地的坐标、面积等与建设用地规划许可证规定是否相符；对已领取建设工程规划许可证并放线的建设工程，履行验线手续，检查其坐标、标高、平面布局等是否与建设工程规划许可证相符；建设工程竣工验收前，检查核实有关建设工程是否符合规划设计条件等；各地普遍开展的查处违法建设的行动等，这些都属于此类监督检查的范畴。

县级以上人民政府城乡规划主管部门实施行政监督检查权，其基本前提是必须严格遵循依法行政的原则，具体而言包括：

一是监督检查的内容要合法。即监督检查的内容必须是城乡规划法律、法规中规定要求当事人遵守或执行的行为。如城乡规划编制与审批，城乡规划修改，规划实施中的行政许可等，内容与程序是否合法。非违反城乡规划法律、法规的行为，则不属于县级以上人民政府城乡规划主管部门监督检查的内容。

二是监督检查的程序要合法。即按照法律、法规的要求和程序进行有关监督检查工作。如城乡规划监督检查人员履行监督检查职责时，应当出示统一制发的城乡规划监督检查证件；城乡规划监督检查人员提出建议或处理意见要依法并符合法定程序等。对于违反法律规定进行监督检查的，被检查的单位和个人有权拒绝接受和进行举报。

三是监督检查采取的措施要合法，即只能采取城乡规划法律、法规允许采取的措施，采取措施超出城乡规划法律、法规允许的范围，给当事人造成财产损失的，要依法赔偿；构成犯罪的，要依法追究刑事责任。

三、人民代表大会对城乡规划工作的监督

人民代表大会及其常委会对"一府两院"工作实施监督，是宪法和法律赋予国家权力机关的重要职权。《中华人民共和国宪法》规定，人民行使国家权力的机关是全国人民代表大会和地方各级人民代表大会；国家行政机关由人民代表大会产生，对它负责，受它监督。《中华人民共和国宪法》《中华人民共和国地方各级人民代表大会和地方各级人民政府组织法》规定，县级以上的地方各级人民代表大会常务委员会是本级人民代表大会的常设机关，对本级人民代表大会负责并报告工作。县级以上地方各级人民代表大会常务委员会行使的职权之一是监督本级人民政府的工作。人民代表大会及其常委会对人民政府工作进行监督是人民代表大会监督权的重要内容。依照《中华人民共和国各级人民代表大会常务委员会监督法》的规定，人大常委会的监督，首先是人大常委会对下一级人大及其常委会制定的地方性法规和发布的决议、决定，对本级人民政府制定的行政法规和发布的决定、命令，以及最高人民法院和最高人民检察院作出的司法解释等涉及公民、法人和其他组织权利义务并且普遍适用的规范

性文件是否符合宪法和法律所进行的监督，即法律监督；第二是人大常委会对"一府两院"在工作中是否正确实施法律和依法行使职权，是否正确贯彻国家的方针、政策，是否正确执行人民代表大会及其常委会作出的决议、决定的情况进行监督，包括专项工作、计划和预算执行情况的监督等，即工作监督。

《城乡规划法》第二十八条规定，有计划、分步骤地组织实施城乡规划是地方各级人民政府的职责，是地方各级人民政府工作的重要内容之一，对政府实施城乡规划的情况进行监督自然也就成为人民代表大会监督职能的一项重要内容，属于人民代表大会对政府的工作监督。因此，《城乡规划法》第五十二条规定，地方各级人民政府应当向本级人民代表大会常务委员会或者乡、镇人民代表大会报告城乡规划的实施情况，地方各级人民政府据此必须向本级人民代表大会及其常委会报告城乡规划的实施情况，可以根据实际需要进行主动报告，也可以根据人大及其常委会的要求进行报告，以充分运用听取和审议政府专项工作报告这一基本形式，接受人民代表大会及其常委会的检查和监督。

此外，按照宪法和有关法律的规定，地方各级人民政府还应当接受本级人民代表大会常务委员会或者乡、镇人民代表大会依法对城乡规划实施情况的其他形式的监督，如接受本级人民代表大会常务委员会组成人员和本级人民代表大会代表对城乡规划工作进行视察；对《城乡规划法》实施情况进行执法检查；人民代表大会及其常委会通过受理人民群众的申诉、控告等，责成人民政府依法进行处理；人民代表大会及其常委会对特定问题进行调查、询问、质询等。

四、公众对城乡规划工作的监督

城乡规划的严肃性体现在已经批准的城乡规划必须遵守和执行，公众监督是保障城乡规划严肃性的重要途径之一。按照《城乡规划法》的规定，县级以上人民政府及其城乡规划主管部门的监督检查，县级以上地方各级人民代表大会常务委员会或者乡、镇人民代表大会对城乡规划工作的监督检查，其基本情况和处理结果都应当依法公开，供公众查阅和监督。

将监督检查情况和处理结果公开，对于保障行政相对人、利害关系人和公众的知情权，加强对行政机关的监督具有重要意义。第一，将监督检查情况和处理结果予以公开，可以使社会公众了解权力机关、行政机关的执法及监督过程和理由，从而有利于社会公众对权力机关、行政机关的行为进行监督；第二，对于行政相对人、利害关系人来说，监督检查情况和处理结果公开，有助于其了解权力机关、行政机关监督检查的情况，以决定是否对自身权益采取相关保护措施，寻求相应的司法救济；第三，对于公众来说，监督检查情况和处理结果公开，使其可以了解自己需要的信息，知道什么是法律允许的、什么是法律禁止的，以保障自己的行为在法律允许的范围内。

一般情况下，有关城乡规划编制、审批、实施、修改的监督检查情况和处理结果，都应当依法公开。但同时《城乡规划法》也规定，遇有按照相关法律规定不得公开的情形，则不能公开。这种情形包括以下方面。

一是涉及国家秘密的。按照《中华人民共和国保守国家秘密法》的规定，国家秘密是关系国家的安全和利益，依照法定程序确定，在一定时间内只限一定范围的人员知悉的事项。国家秘密包括下列秘密事项：国家事务的重大决策中的秘密事项；国防、外交等活动中的秘密事项；国民经济和社会发展中的秘密事项；科学技术中的秘密事项等。我国《行政许可法》明确规定，行政许可的实施和结果，涉及国家秘密的，不能公开。由于国家秘密涉及国家的安全和国家利益，因此《城乡规划法》规定的监督检查情况和处理结果涉及国家秘密的，根据《中华人民共和国保守国家秘密法》的规定不能公开。

二是涉及商业秘密的。按照《中华人民共和国反不正当竞争法》的规定，商业秘密是指不为公众所知悉、具有商业价值并经权利人采取相应保密措施的技术信息、经营信息等商业信息。商业秘密通常表现为新技术、新方法、新工艺、新材料、新配方、新流程以及情报、经验、技巧、规程、报表、名单、计划和数据等。商业秘密必须具有经济价值，即能够为权利人带来实际的或潜在的经济利益和竞争优势。这是商业秘密与政治秘密、个人隐私等其他秘密最为显著的区别。对商业秘密的保护，对权利人而言，维持了商业秘密的秘密状态，直接目的就是谋求经济上的利益。国家对商业秘密的保护，其目的是为了维护权利人的经济利益和社会的经济秩序。对于商业秘密的保护，各国主要是以合同法、侵权行为法，反不正当竞争法和刑法等有关规定予以保护。我国《行政许可法》明确规定，行政许可的实施和结果，涉及商业秘密的，不能公开。因此，《城乡规划法》规定的监督检查情况和处理结果如涉及商业秘密的，则依法不能予以公开。

五、城乡规划主管部门执行行政监督检查的具体措施

城乡规划主管部门执行行政监督检查包括对本行政区域内城乡规划编制、审批、实施、修改的情况进行监督检查，对建设单位和个人的建设活动是否符合城乡规划进行监督检查，对违反城乡规划的行为进行查处。同时，还要接受本级政府及有关监督检查部门、上级政府城乡规划主管部门和权力机关、社会公众对城乡规划工作的监督。为此，城乡规划主管部门必须建立健全监督检查制度，强化内部监督机制，畅通外部监督渠道，形成完善的行政检查、行政纠正和行政责任追究机制。

城乡规划主管部门在对本行政区域内城乡规划编制、审批、实施、修改的情况进行监督检查时，可以采取执法检查、案件调查、不定期抽查和接受群众举报等措施。上级城乡规划主管部门既可以对下级城乡规划主管部门具体行政行为进行监督检查，如有关部委要会同所在省级人民政府对国务院审批的城市总体规划的实施情况进行经常性的监督检查，省级城乡规划主管部门可以采取措施对本行政区域内城乡规划的实施情况进行检查；也可以对下级城乡规划主管部门的制度建设情况进行监督检查，如城乡规划主管部门是否明确了实施规划许可的程序要求，是否建立了规划公开公示制度，是否实行城乡规划集中统一管理等。下级城乡规划主管部门应当定期就城乡规划的实施情况和管理工作向上级城乡规划主管部门进行汇报。

城乡规划主管部门应当建立健全对涉及城乡规划实施行为的监督管理制度，要明确各项具体监督管理职责、方式和程序，明确对违反城乡规划行为依法可采取的各种措施，明确实施监督管

理的具体部门和工作人员的责任。城乡规划主管部门可以通过对在建项目的跟踪管理、巡察或调查、受理举报等方式，采用遥感技术等先进技术手段，掌握城乡规划的实施情况。《城乡规划法》第五十三条提出的城乡规划主管部门在进行监督检查时有权采取的措施包括：要求有关单位和人员提供与监督事项有关的文件、资料，并进行复制；要求有关单位和人员就监督事项涉及的问题作出解释和说明，并根据需要进入现场进行勘测；责令有关单位和人员停止违反有关城乡规划法律、法规的行为。县级以上人民政府城乡规划主管部门依法履行监督检查职责时，可以采用这些法定的强制性措施，被检查的单位或者个人则有遵守与配合的义务和责任。但也必须注意，采取这些措施时必须符合法定程序，同时不得超越法律赋予的权限，采用其他法律不允许采用的强制措施。

城乡规划监督检查证件是县级以上人民政府城乡规划主管部门依法制发的，格式统一的，证明城乡规划监督检查人员身份和资格的证书。只有经过严格培训、严格考核，符合法定任职条件的人员才可以依法取得城乡规划监督检查人员资格，才可被授予城乡规划监督检查的证件。城乡规划监督检查人员在履行监督检查职责时，应当出示城乡规划监督检查证件，如不出示证件，被检查的单位或者个人有权拒绝接受检查，有权拒绝其进入现场勘测，有权拒绝提供有关文件、资料和作出说明。为此，县级以上人民政府城乡规划主管部门要加强对城乡规划监督检查人员的监督和管理，要教育城乡规划监督检查人员持证上岗，依法行政。要加强对城乡规划监督检查证件的管理。城乡规划监督检查证件只限本人依法使用，不得涂改或者转借。城乡规划监督检查人员因离职或者其他原因，不再履行城乡规划监督检查职责的，应当缴销其城乡规划监督检查证件。

六、城乡规划主管部门对行政监督检查结果的法定处理措施

《城乡规划法》规定，城乡规划主管部门在行政监督检查过程中，可依法采取处理措施。其目的在于加强和完善城乡规划主管部门层级间的监督制约机制，增强城乡规划工作人员的法制观念，防止和纠正有关城乡规划主管部门和城乡规划监督检查人员可能发生的不法行为，保障城乡规划法律、法规得到全面、正确和有效的实施。《城乡规划法》授权城乡规划主管部门在进行监督检查时，发现有违反《城乡规划法》规定情形时，可以采取的处理措施包括：对国家机关工作人员（含地方政府领导、城乡规划主管部门工作人员、有关行政主管部门工作人员）违法行为提出行政处分的建议，对有关城乡规划主管部门不履行法定行政处罚的责成履行法定责任，对有关违法行为依法直接处置等方面。

城乡规划主管部门在进行监督检查时，发现国家机关工作人员依法应当给予行政处分的，应当依据《城乡规划法》第五十五条的规定，及时、准确、全面地向有关机关通报情况，并提出处分建议。按照《中华人民共和国监察法》《中华人民共和国公务员法》（以下简称《公务员法》）和《行政机关公务员处分条例》等法律法规，对行政机关公务员给予处分，由任免机关或者监察机关按照管理权限决定，处分分为：警告、记过、记大过、降级、撤职、开除。县级以上人民政府城乡规划主管部门发现国家机关工作人员的违法行为，依法应当给予行政处分的，属于本系统自行任命的工作人员，由县级以上人民政府城乡规划主管部门按照干部管理权限，依法予以处理。对于非本系统任命

的工作人员，则应当向任免机关或者上级人民政府的监察机关提出行政处分建议书，由有关行政监察机关依法处理。

城乡规划主管部门在进行监督检查时，发现有关城乡规划主管部门不履行法定行政处罚职责的，应当依据《城乡规划法》第五十六条的规定，责令有关人民政府或城乡规划主管部门履行行政处罚责任。根据《城乡规划法》第六章法律责任第六十二条至第六十七条的规定，县级以上人民政府城乡规划主管部门，应当依法对城乡规划违法行为给予行政处罚。有关城乡规划主管部门应当给予而不予处罚，是指在违法事实清楚，违法案件处罚权明确的前提下，有处罚权的城乡规划主管部门对依法应当给予行政处罚的行为，而不给予行政处罚的做法。有关城乡规划主管部门不依法行使行政处罚权，就将损害城乡规划的严肃性，破坏城乡规划实施管理的正常秩序，导致受害人的合法权益得不到法律保护等严重后果。为此，上级要责令有关城乡规划主管部门或者建议有关地方政府，及时作出行政处罚决定，同时可以根据情况，对于不履行法定行政处罚职责的城乡规划主管部门的责任人提出行政处分建议。

上级城乡规划主管部门在进行监督检查时，发现有关违法行为必须及时进行制止的，可以依据《城乡规划法》第五十七条的规定作出纠正决定。近年来，一些地方出现了城乡规划主管部门及其工作人员违反城乡规划要求，违反法定规划许可制度的程序和条件，擅自核发规划行政许可，如违反控制性详细规划核发许可，违反容积率指标要求核发许可，在公园、绿地、文物、市政公用基础设施保护范围内核发许可等。这种情况直接造成公共利益受损、社会资源浪费，也给利害关系人的合法权益造成损失，同时也给政府形象造成损害，必须及时予以纠正。为此法律明确规定了上级人民政府城乡规划主管部门有权责令其撤销或者直接撤销该行政许可。当然，上级城乡规划主管部门作出这样的纠正，应当坚持掌握准确的事实依据、慎重决定的原则，能够让有关城乡规划主管部门意识到错误，自己纠正的，尽可能责成其自行纠正，只有在其没有正当理由，明知错误拒不改正的前提下，才依法给予纠正。因撤销行政许可给当事人合法权益造成损失的，应当依据《行政许可法》的有关规定给予赔偿。但应当注意的是，根据《行政许可法》第六十九条的规定，被许可人以欺骗、贿赂等不正当手段取得行政许可而被撤销的，被许可人基于行政许可取得的利益是不受法律保护的。

为确保城乡规划主管部门执行行政监督检查时公平、公正，防止监督检查中的各种违法现象，依据《城乡规划法》第五十四条规定，监督检查情况和处理结果应当依法公开，供公众查阅和监督。

七、对执行监督检查的城乡规划主管部门工作人员的要求

执行监督检查的城乡规划主管部门工作人员要充分认识到监督检查工作的重要性，增强工作的自觉性和政治责任感，要恪尽职守、秉公执法。

城乡规划工作具有较强的专业性、政策性，同时又涉及社会多方面利益，执行监督检查的城乡规划主管部门工作人员必须要具备较高的政治素质和业务素质，要不断学习业务知识，提高业务技能。要熟悉城乡规划法律、法规和有关政策规定。在执行监督检查时必须做到实事求是、客观公正，正确引用法律法规，严格遵循执法程序，防止错误地对行政管理相对人执法。在工作中要坚持监督检查与引导教育并重。执行监督检查的城乡规划主管

部门工作人员要正确理解执行监督检查的最终目的，是促进社会和谐健康发展。所以，在依法行政的前提下，要充分尊重、理解行政执法相对人，对其进行教育和正确引导。

执行监督检查的城乡规划主管部门工作人员要做到政务公开，依法行政，自觉接受社会和公众的监督。要加强对监督检查人员的培训和考核，对经考核符合法定条件的，发给城乡规划监督检查证件，持证上岗；不符合法定条件的，不得上岗；对在监督检查过程中越权、失职、滥用职权、徇私舞弊的，由其所在单位或者上级主管部门给予行政处分；构成犯罪的，要依法追究刑事责任。

为了保证执行监督检查的城乡规划主管部门工作人员的工作素质和工作效率，城乡规划主管部门要加强制度建设，积极推行行政执法责任制，加强行政执法管理、规范行政执法行为；要加强监督检查队伍建设，提高执法工作效率，保证执法工作质量；要积极开展基础理论研究和政策研究，充分利用现代技术手段，提高城乡规划监督检查工作水平。

第六章 法律责任

一、《城乡规划法》规定的"法律责任"

法律责任，是指违反法律的规定而必须承担的法律后果。法律责任是由法律作出规定，由法律规定的机关依法追究。法律责任是法律的重要组成部分。它是法律运行、实施的保障，是法治不可或缺的要素。没有法律责任作为最后的保障，任何法律都将流于形式，成为一纸空文。法律责任按违法行为的性质不同可以分为民事法律责任、行政法律责任和刑事法律责任三大类。具体采取哪一种法律责任形式，应当根据调整违法行为人所侵害的社会关系的性质、特点以及侵害的程度等多种因素来确定。违反《城乡规划法》强制性规定和有关民事、刑事法律规定的，即构成《城乡规划法》规定的法律责任。《城乡规划法》规定的法律责任包括民事法律责任、行政法律责任和刑事法律责任。

《城乡规划法》"法律责任"一章共有 12 条，规定了以下内容。

1. 构成《城乡规划法》规定的法律责任的违法行为

（1）依法应当编制城乡规划而未编制，或者未按规定程序编制、审批、修改城乡规划，或者委托不具有相应资质等级的单位编制城乡规划；

（2）违法核发选址意见书、建设用地规划许可证、建设工程规划许可证、乡村建设规划许可证，或者未依法对经审定的修建性详细规划、建设工程设计方案的总平面图予以公布，或者批准修改修建性详细规划、建设工程设计方案的总平面图前，未听取利害关系人的意见，或者发现未依法取得规划许可或者违反规划许可的规定在规划区内进行建设的行为，而不予查处或者接到举报后不依法处理；

（3）对未依法取得选址意见书的建设项目核发建设项目批准文件，或者未依法在国有土地使用权出让合同中确定规划条件或者改变国有土地使用权出让合同中依法确定的规划条件，或者对未依法取得建设用地规划许可证的建设单位划拨国有土地使用权；

（4）城乡规划编制单位超越资质等级许可的范围、未取得资质证书、以欺骗手段取得资质证书承揽城乡规划编制工作，或者违反国家有关标准编制城乡规划；

（5）未取得建设工程规划许可证或者未按照建设工程规划许可证的规定进行建设，或者在乡、村庄规划区内未依法取得乡村建设规划许可证或者未按照乡村建设规划许可证的规定进行建设；

（6）未经批准或者未按照批准内容进行临时建设，或者临时建筑物、构筑物超过批准期限不拆除；

（7）建设单位未在建设工程竣工验收后 6 个月内向城乡规划主管部门报送有关竣工验收资料。

2. 构成《城乡规划法》规定的法律责任的违法行为的主体

（1）有关人民政府负责人和其他直接责任人员；

（2）城乡规划主管部门与相关行政部门直接负责的主管人员和其他直接责任人员；

（3）城乡规划编制单位；

（4）有关的建设单位和个人。

3. 构成《城乡规划法》违法行为的责任主体应承担的法律责任

（1）有关人民政府负责人和其他直接责任人员、城乡规划主管部门与相关行政部门直接负责的主管人员和其他直接责任人员违反《城乡规划法》规定，应当承担行政法律责任；

（2）城乡规划编制单位违反《城乡规划法》规定，应当承担行政法律责任、民事法律责任；

（3）有关的建设单位违反《城乡规划法》规定，应当承担行政法律责任。

此外，对于违法建设工程，《城乡规划法》赋予县级以上地方人民政府可以责成有关部门采取查封施工现场、强制拆除等措施的权力。对于违反《城乡规划法》的规定，构成犯罪的，要依法追究刑事责任。

二、关于有关人民政府违反《城乡规划法》的行为及所应承担的行政法律责任

根据《城乡规划法》第五十八条、第五十九条的规定，有关人民政府违反《城乡规划法》的规定，有下列行为之一的，应当承担行政法律责任。

1. 依法应当编制城乡规划而未组织编制，或者未按法定程

序编制、审批、修改城乡规划

编制城乡规划是各级政府的职责，各级政府应当依照《城乡规划法》的规定编制城乡规划。《城乡规划法》第三条对城市规划、镇规划和乡规划、村庄规划提出不同要求。对城市规划、镇规划，《城乡规划法》规定，城市和镇应当依照本法制定城市规划和镇规划。城市、镇规划区内的建设活动应当符合规划要求。对乡规划、村庄规划，《城乡规划法》则规定，县级以上地方人民政府根据本地农村经济社会发展水平，按照因地制宜、切实可行的原则，确定应当制定乡规划、村庄规划的区域。在确定区域内的乡、村庄，应当依照本法制定规划，规划区内的乡、村庄建设应当符合规划要求。有关人民政府依法应当编制城乡规划而未组织编制的，应当承担《城乡规划法》规定的行政法律责任。

《城乡规划法》第十二条、第十三条、第十四条、第十五条、第十六条、第二十二条、第二十六条、第二十七条分别对全国城镇体系规划、省域城镇体系规划、城市总体规划、镇总体规划和乡规划、村庄规划的编制、审批程序和征求意见程序做了规定。《城乡规划法》第十九条、第二十条、第二十一条、第三十四条分别对城市、镇的控制性详细规划以及近期建设规划的编制、审批程序做了规定。《城乡规划法》第四十六条、第四十七条、第四十八条、第四十九条、第五十条分别对省域城镇体系规划、城市总体规划、镇总体规划和控制性详细规划、修建性详细规划、近期建设规划的修改程序做了规定。

各级政府是城乡规划编制、修改的主体，上级政府是城乡规划审批的主体，有关人民政府必须严格遵守《城乡规划法》规定的职权和程序编制、审批、修改城乡规划。有关人民政府未按法定程序编制、审批、修改城乡规划，应承担行政法律责任。这样规定对行政领导随意编规划改规划的行为进行了约束，有利于增加规划的严肃性、权威性。

2. 委托不具有相应资质等级的单位编制城乡规划

各级政府是组织编制城乡规划的机关，但承担具体城乡规划编制工作的机构需要有专业技术知识，《城乡规划法》规定，这种专业技术机构要具备一定的资质才能被许可从事城乡规划编制工作。《城乡规划法》第二十四条规定，城乡规划组织编制机关应当委托具有相应资质等级的单位承担城乡规划的具体编制工作。

对依法应当编制城乡规划而未组织编制，未按法定程序编制、审批、修改城乡规划的，或者委托不具有相应资质等级的单位编制城乡规划的，对有关人民政府，由上级人民政府责令改正，通报批评；对有关人民政府负责人和其他直接责任人员依法给予处分。这里所讲的"处分"是行政法律责任的一种。行政法律责任是指违法行为人因实施违反法律规定的行为而引起的，由行政机关依法给予制裁的，并且必须承担的法律后果。行政法律责任分为行政处罚和行政处分。行政处分是指国家机关、企事业单位依法给隶属于它的具有轻微违法行为的人员的一种制裁性处理。处分对象是违法部门的直接负责的主管人员和其他直接责任人员，即在单位违法行为中负有直接领导责任的人员，包括违法行为的决策人，事后对单位违法行为予以认可和支持的领导人员，由于疏于管理或放任，因而对单位违法行为负有不可推卸责任的领导人员，以及直接实施单位违法行为的人员。行政处分的种类，按照《公务员法》的规定，包括：警告、记过、记大过、降级、撤职、开除六种。同时，按照《公务员法》的规定，公务员在受处分期间不得晋升职务、职级和级别，其中受记过、记大过、降级、撤职处分的，不得晋升工资档次。受处分的期间为：警告，6个月；记过，12个月；记大过，18个月；降级、撤职，24个月。上级人民政府发现下级人民政府有依法应当编制城乡规划而未组织编制，未按法定程序编制、审批、修改城乡规划的，委托不具有相应资质等级的单位编制城乡规划的行为的，以行政命令的方式责令其改正，并通报批评。违法的城乡规划组织编制机关在接到责令改正的通知后，必须立即改正违法行为。对有关人民政府负责人和其他直接责任人员可以依法给予行政处分。

三、关于城乡规划主管部门违反《城乡规划法》的行为及所应承担的行政法律责任

根据《城乡规划法》第六十条、第六十一条、第六十二条的规定，城乡规划主管部门违反《城乡规划法》的规定，有下列行为之一的，应承担行政法律责任。

1. 未依法组织编制城市的控制性详细规划、县人民政府所在地镇的控制性详细规划

《城乡规划法》第十九条规定，城市人民政府城乡规划主管部门根据城市总体规划的要求，组织编制城市的控制性详细规划。第二十条规定，县人民政府城乡规划主管部门组织编制县人民政府所在地镇的控制性详细规划。城市人民政府城乡规划主管部门未组织编制城市的控制性详细规划、县人民政府城乡规划主管部门未组织编制县人民政府所在地镇的控制性详细规划的，应当承担行政法律责任。

2. 超越职权或者对不符合法定条件的申请人核发选址意见书、建设用地规划许可证、建设工程规划许可证、乡村建设规划许可证

《城乡规划法》第三十六条规定，按照国家规定需要有关部门批准或者核准的建设项目，以划拨方式提供国有土地使用权

的，建设单位在报送有关部门批准或者核准前，应当向城乡规划主管部门申请核发选址意见书。《城乡规划法》第三十七条、第三十八条规定，在城市、镇规划区内以划拨方式提供国有土地使用权的建设项目，经有关部门批准、核准、备案后，建设单位应当向城市、县人民政府城乡规划主管部门提出建设用地规划许可申请，由城市、县人民政府城乡规划主管部门依据控制性详细规划核定建设用地的位置、面积、允许建设的范围，核发建设用地规划许可证。在城市、镇规划区内以出让方式取得国有土地使用权的建设项目，建设单位在取得建设项目的批准、核准、备案文件和签订国有土地使用权出让合同后，向城市、县人民政府城乡规划主管部门领取建设用地规划许可证。《城乡规划法》第四十条规定，在城市、镇规划区内进行建筑物、构筑物、道路、管线和其他工程建设的，建设单位或者个人应当向城市、县人民政府城乡规划主管部门申请办理建设工程规划许可证。申请办理建设工程规划许可证，应当提交使用土地的有关证明文件、建设工程设计方案等材料。需要建设单位编制修建性详细规划的建设项目，还应当提交修建性详细规划。对符合控制性详细规划和规划条件的，由城市、县人民政府城乡规划主管部门核发建设工程规划许可证。《城乡规划法》第四十一条规定，在乡、村庄规划区内进行乡镇企业、乡村公共设施和公益事业建设的，建设单位或者个人应当向乡、镇人民政府提出申请，由乡、镇人民政府报城市、县人民政府城乡规划主管部门核发乡村建设规划许可证。在乡、村庄规划区内进行乡镇企业、乡村公共设施和公益事业建设以及农村村民住宅建设，不得占用农用地；确需占用农用地的，应当依照《土地管理法》的有关规定办理农用地转用审批手续后，由城市、县人民政府城乡规划主管部门核发乡村建设规划许可证。

在受理申请人的城乡规划许可申请后，城乡规划主管部门应当进行认真审查，符合规定条件的，应当作出准予规划许可的决定，如果不符合条件，应当作出不予许可的决定，并说明不予许可的理由和依据。城乡规划主管部门必须在自己的职权范围内实施规划许可，对于不属于自己职权范围内的事项，不得实施行政许可。如果超越职权或者对不符合法定条件的申请人核发选址意见书、建设用地规划许可证、建设工程规划许可证、乡村建设规划许可证的，属违法行为，应承担行政法律责任。

3. 对符合法定条件的申请人未在法定期限内核发选址意见书、建设用地规划许可证、建设工程规划许可证、乡村建设规划许可证

根据《行政许可法》的规定，行政机关对行政许可申请进行审查后，除可以当场作出行政许可决定的情形外，应当在法定期限内按照规定程序作出行政许可决定。行政机关在经过审查后，对于符合条件的申请人不仅应当准予行政许可，还应当在法定的期限内作出准予行政许可的决定。除可以当场作出行政许可决定的情形外，行政机关应当自受理行政许可申请之日起20日内作出行政许可的决定。如果20日内不能作出决定，经本行政机关负责人批准，可以延长10日，并应当将延长期限的理由告知申请人。行政许可采取统一办理或者联合办理、集中办理的，办理的时间不得超过45日；45日内不能办结的，经本级人民政府负责人批准，可以延长15日，并应当将延长期限的理由告知申请人。行政机关作出准予行政许可决定的，应当自作出决定之日起10日内向申请人颁发、送达行政许可证件。县级以上人民政府城乡规划主管部门对符合法定条件的申请人未在法定期限内核发选址意见书、建设用地规划许可证、建设工程规划许可证、乡村建设规划许可证的，应承担行政法律责任。

4. 未依法对经审定的修建性详细规划、建设工程设计方案的总平面图予以公布，或者批准修改修建性详细规划、建设工程

设计方案的总平面图前未采取听证会等形式听取利害关系人的意见

《城乡规划法》第四十条、第五十条中规定，城乡规划主管部门应当依法将经审定的修建性详细规划、建设工程设计方案的总平面图予以公布，经依法审定的修建性详细规划、建设工程设计方案的总平面图不得随意修改；确需修改的，城乡规划主管部门应当采取听证会等形式，听取利害关系人的意见。违反上述规定的，即构成违法，应当承担行政法律责任。

5. 发现未依法取得规划许可或者违反规划许可的规定在规划区内进行建设的行为，而不予查处或者接到举报后不依法处理

这里规定的是城乡规划主管部门的行政不作为，即城乡规划主管部门应当履行自己的职责而不予履行的行为。行政不作为在很大程度上影响政府职能的正常发挥。行政不作为虽然不如超越职权、滥用职权的行政违法行为的表现形式明显，但是其危害性却不可低估，例如会导致一些违法建设成为既成事实，加大采取整改措施和处罚的难度等，并且会严重破坏政府部门在人民群众心目中的形象，应当承担相应的法律责任。《城乡规划法》赋予了城乡规划主管部门对城乡规划的实施情况进行监督检查有权采取的行政措施，城乡规划主管部门应当履行职责，同时对群众举报或者控告违反城乡规划的行为，应当及时受理并组织核查、处理。如果发现未依法取得规划许可或者违反规划许可的规定在规划区内进行建设的行为，而不予查处或者接到举报后不依法处理的，是渎职行为，必须追究相应人员的法律责任。

有上述违法行为之一的，由本级人民政府或者上级人民政府城乡规划主管部门或者监察机关依据职权责令改正，对县级以上人民政府城乡规划主管部门通报批评；对直接负责的主管人员和其他直接责任人员依法给予处分。追究法律责任的机关

有三个：一是本级人民政府，二是上级人民政府城乡规划主管部门，三是监察机关。本级人民政府和上级人民政府城乡规划主管部门对有关城乡规划主管部门的工作负有领导和监督责任，一旦发现有违法行为，本级人民政府或者上级人民政府城乡规划主管部门均有权予以处理。监察机关是人民政府行使监察职能的机关，依法对国家公务员和行政机关任命的其他人员实施监察。根据《中华人民共和国监察法》的规定，监察机关有权对涉嫌贪污贿赂、滥用职权、玩忽职守、权力寻租、利益输送等职务违法和职务犯罪进行调查，对违法的公职人员依法作出政务处分决定，对履行职责不力、失职失责的领导进行问责等。监督行政机关工作人员是否严格执法，是监察机关行使监察权的重要内容之一。

四、关于相关行政部门违反《城乡规划法》的行为及所应承担的行政法律责任

根据《城乡规划法》第六十一条的规定，县级以上人民政府有关部门违反《城乡规划法》的规定，有下列行为之一的，应承担行政法律责任。

1. 对未依法取得选址意见书的建设项目核发建设项目批准文件

《城乡规划法》第三十六条规定，按照国家规定需要有关部门批准或者核准的建设项目，以划拨方式提供国有土地使用权的，建设单位在报请有关部门批准或者核准前，应当向城乡规划主管部门申请核发选址意见书。这里讲的核发建设项目批准文件的部门，是指除城乡规划主管部门外主要负责有关建设项目审批的部门。

2. 未依法在国有土地使用权出让合同中确定规划条件或者改变国有土地使用权出让合同中依法确定的规划条件

《城乡规划法》第三十八条规定，在城市、镇规划区内以出让方式提供国有土地使用权的，在国有土地使用权出让前，城市、县人民政府城乡规划主管部门应当依据控制性详细规划，提出出让地块的位置、使用性质、开发强度等规划条件，作为国有土地使用权出让合同的组成部分。未确定有关规划条件的地块，不得出让国有土地使用权。城市、县人民政府城乡规划主管部门不得在建设用地规划许可证中，擅自改变作为国有土地使用权出让合同组成部分的规划条件。同时第三十九条规定，规划条件未纳入国有土地使用权出让合同的，该国有土地使用权出让合同无效。由此，城市、县人民政府城乡规划主管部门和其他有关部门未依法在国有土地使用权出让合同中确定规划条件或者改变国有土地使用权出让合同中依法确定的规划条件的，应承担行政法律责任。

3. 对未依法取得建设用地规划许可证的建设单位划拨国有土地使用权

《城乡规划法》第三十七条规定，建设单位在取得建设用地规划许可证后，方可向县级以上地方人民政府土地主管部门申请用地，经县级以上人民政府审批后，由土地主管部门划拨土地。土地主管部门对未依法取得建设用地规划许可证的建设单位划拨国有土地使用权的，应承担行政法律责任。

县级以上人民政府有关部门违反《城乡规划法》的规定，有上述行为之一的，由本级人民政府或者上级人民政府有关部门责令改正，对县级以上人民政府有关部门通报批评；对直接负责的主管人员和其他直接责任人员，依法给予处分。

五、关于城乡规划编制单位违反《城乡规划法》的行为及所应承担的法律责任

根据《城乡规划法》第六十二条的规定，城乡规划编制单位违反《城乡规划法》的规定，有下列行为之一的，应承担法律责任。

1. 超越资质等级许可的范围或者未依法取得资质证书承揽城乡规划编制工作，或者以欺骗手段取得资质证书承揽城乡规划编制工作

《城乡规划法》第二十四条规定，城乡规划组织编制机关应当委托具有相应资质等级的单位承担城乡规划的具体编制工作。法律不允许城乡规划编制单位超越资质等级许可的范围或者未依法取得资质证书而承揽城乡规划编制工作，更不允许以欺骗手段取得资质证书承揽城乡规划编制工作。

2. 违反国家有关标准编制城乡规划

《城乡规划法》第二十四条规定，编制城乡规划必须遵守国家有关标准。国家有关标准是城乡规划编制的技术标准和规范，城乡规划编制单位必须遵守。

3. 城乡规划编制单位取得资质证书后，经原发证机关检查不再符合法定的相应资质条件，不能继续承揽城乡规划编制工作或者按原资质等级许可的范围承揽城乡规划编制工作，应当按期改正而不改正

城乡规划编制单位实施上述违法行为，根据《城乡规划法》的规定，应承担相应的行政法律责任、民事法律责任。城乡规划编制单位所应承担的行政法律责任的形式主要是行政处罚。行政处罚是指有行政处罚权的行政机关或者法律、法规授权的组织，

对违反行政法律规范和依法应当给予处罚的行政相对人所实施的法律制裁行为。行政处罚的种类包括：警告、罚款、没收违法所得和非法财物、责令停产停业、暂扣或者吊销许可证（执照）、行政拘留和法律法规规定的其他行政处罚。城乡规划编制单位还要承担相应的民事法律责任。民事法律责任通常也称民事赔偿责任，是指公民、法人或者其他组织因违反合同或者不履行其他义务，或者由于过错侵害国家、集体财产或者他人财产权利、人身权利所应当承担的法律后果。承担民事损害赔偿责任，一般应当具备以下条件：一是行为人的不正当行为给他人的正常活动造成了实际损失；二是违法行为人造成的损害与其不正当行为有因果关系；三是符合有关法律应当给予赔偿的情形。赔偿责任可以由城乡规划主管部门以调解的方式要求违法行为人承担，受害人也可以提起民事诉讼，请求人民法院判决违法行为人承担赔偿责任。

城乡规划编制单位超越资质等级许可的范围承揽城乡规划编制工作的，由其所在的城市、县人民政府城乡规划主管部门责令限期改正，处合同约定的规划编制费1倍以上2倍以下的罚款；情节严重的，责令停业整顿，由原发证机关降低资质等级或者吊销资质证书；造成损失的，依法承担赔偿责任。对未取得资质证书承揽城乡规划编制工作的，由县级以上地方人民政府城乡规划主管部门责令停止违法行为，按照对超越资质等级许可的范围承揽城乡规划编制工作的罚款处罚和承担赔偿责任。对以欺骗手段取得资质证书承揽城乡规划编制工作的，由原发证机关吊销资质证书，按照对超越资质等级许可的范围承揽城乡规划编制工作的罚款处罚和承担赔偿责任。

城乡规划编制单位违反国家有关标准编制城乡规划的，由其所在的城市、县人民政府城乡规划主管部门责令限期改正，处合同约定的规划编制费1倍以上2倍以下的罚款；情节严重的，责令停业整顿，由原发证机关降低资质等级或者吊销资质证书；造成损失的，依法承担赔偿责任。

城乡规划编制单位取得资质证书后，不再符合相应的资质条件的，由原发证机关责令期限改正；逾期不改正的，降低资质等级或者吊销资质证书。

六、关于未取得建设工程规划许可证或者违反建设工程规划许可证的规定进行建设所应承担的行政法律责任

根据《城乡规划法》的规定，建设工程规划许可证是经城乡规划主管部门依法审核，建设工程符合城乡规划要求的法律凭证。《城乡规划法》第六十四条对未取得建设工程规划许可证或者违反建设工程规划许可证的规定进行建设所应承担的行政法律责任做了规定。

对违法建设追究行政法律责任的方式是行政处罚，根据违法建设行为的不同阶段和情节轻重，由县级以上地方人民政府城乡规划主管部门采取下列行政措施和进行行政处罚。

1. 责令停止建设

城乡规划主管部门发现建设单位未取得建设工程规划许可证或者违反建设工程规划许可证的规定进行开发建设的，首先应立即发出停止违法建设活动通知书，责令其立即停止违法建设活动，防止违法建设给规划实施带来更多不利影响。

2. 责令限期改正，并处罚款

对责令停止的违法建设，还可以采取改正措施消除对规划实施的影响的，由城乡规划主管部门责令建设单位在规定的期限内采取改正措施。"责令改正"不属于行政处罚，而是行政机关在

实施行政处罚时必须采取的行政措施。《行政处罚法》规定，行政机关实施行政处罚时，应当责令当事人改正或者限期改正违法行为。对于行政管理相对人实施的违法行为，行政机关应当追究其相应的法律责任，给予行政处罚，但不能简单地一罚了事，而应当要求当事人改正其违法行为，不允许其违法状态继续存在下去。"责令限期改正"，指除要求违法行为人立即停止违法行为外，还必须限期采取改正措施，消除其违法行为造成的危害后果，恢复合法状态，即建设工程恢复到符合建设工程规划许可证的规定。对于未取得建设工程规划许可证而进行建设，但又符合详细规划的要求，建设单位应当按照《城乡规划法》的规定补办建设工程规划许可证；对已经建成的应当予以改建使其符合城乡规划；不能通过改建达到符合城乡规划要求的，应当予以拆除。在"责令限期改正"的同时，并处建设工程造价 5% 以上 10% 以下的罚款。这里规定的作为罚款计算基数的工程造价，可以考虑以下规定：对未取得建设工程规划许可证的为工程全部造价，对未按照建设工程规划许可证的规定进行建设的为工程违规部分的造价。

3. 限期拆除

违法建设无法采取改正措施消除对规划实施的影响的，由城乡规划主管部门通知有关当事人，在规定的期限内无条件拆除违法建筑物。

4. 没收实物或者违法收入，可以并处罚款

对已形成的违法建筑，已无法采取措施消除对规划实施的影响，但又不宜拆除的，由城乡规划主管部门没收该违法建筑或者违法收入。城乡规划主管部门在没收违法建筑或者违法收入的同时，根据违法行为的具体情节，可以并处建设工程造价 10% 以下的罚款。

实践中违法建设的情况比较复杂，有的可以通过采取补救措

施予以改正；有的需要全部拆除，有的需要部分拆除；有的改正或者拆除难度较大、社会成本较高，如何进行处罚需要综合考虑，既要严格执法，防止"以罚款代替没收或拆除"，又要从实际情况出发，区分不同情况。但对违法建设的处罚必须坚持让违法成本高，使违法者无利可图的原则，这样才能有效地遏制违法建设，保障城乡规划的顺利实施，为城镇的发展提供一个良好的建设环境与建设秩序。

七、建设单位未按《城乡规划法》的规定报送竣工材料所应承担的行政法律责任

《城乡规划法》第四十五条规定，建设单位应当在竣工验收后6个月内向城乡规划主管部门报送有关竣工验收资料。竣工资料包括该工程的审批文件和该建设工程竣工时的总平面图、各层平面图、立面图、剖面图、设备图、基础图和城乡规划主管部门指定需要的其他图纸。竣工资料是城乡规划主管部门进行具体的规划管理过程中需要查阅的重要资料，建设单位必须依照《城乡规划法》的规定报送竣工资料。否则，应依照《城乡规划法》第六十七条的规定，追究违法行为人的行政法律责任。

根据《城乡规划法》第六十七条的规定，违反《城乡规划法》第四十五条的规定，建设单位未在建设工程竣工验收后6个月内向城乡规划主管部门报送有关竣工验收资料的，首先由其所在地城市、县人民政府城乡规划主管部门责令限期补报；逾期不补报的，处1万元以上5万元以下的罚款。

八、关于乡村违法建设所应承担的法律责任

乡村建设规划许可证是在乡、村庄规划区内进行乡村建设活动的法律凭证，未依法取得乡村建设规划许可证或者未按照乡村建设规划许可证的规定进行建设的，属违法建设。《城乡规划法》第四十一条规定，在乡、村庄规划区内进行乡镇企业、乡村公共设施和公益事业建设的，建设单位或者个人应当向乡、镇人民政府提出申请，由乡、镇人民政府报城市、县人民政府城乡规划主管部门核发乡村建设规划许可证。在乡、村庄规划区内进行乡镇企业、乡村公共设施和公益事业建设以及农村村民住宅建设，不得占用农用地；确需占用农用地的，应当依照《土地管理法》的有关规定办理农用地转用审批手续后，由城市、县人民政府城乡规划主管部门核发乡村建设规划许可证。建设单位或者个人在取得乡村建设规划许可证后，方可办理用地审批手续。

《城乡规划法》第六十五条规定，在乡、村庄规划区内未依照《城乡规划法》取得乡村建设规划许可证或者未按照乡村建设规划许可证的规定进行建设的，由乡、镇人民政府责令停止建设、限期改正；逾期不改正的，可以拆除。

九、关于对违法建设的行政强制执行规定

行政强制执行是指公民、法人或者其他组织不履行行政机关依法所作的行政处理决定中规定的义务，有关行政机关依法强制其履行义务。《城乡规划法》第六十八条规定，城乡规划主管部门作出责令停止建设或者限期拆除的决定后，当事人不停止建设

或者逾期不拆除的，建设工程所在地县级以上地方人民政府可以责成有关部门采取查封施工现场、强制拆除等措施。

关于查封施工现场。"查封施工现场"，即县级以上地方人民政府责成有关部门以张贴封条或者采取其他必要措施，将违法建设的施工现场进行封存，未经许可，任何单位和个人都不得启封、动用。查封施工现场时，应当遵守必要的程序规定：经过建设工程所在地县级以上地方人民政府的批准，应当通知被查封施工现场的单位负责人员到场，对被查封施工现场的设施、设备、器材应当清点、登记，并在法定期限内及时作出处理决定。

关于强制拆除。"强制拆除"是一种行政强制措施，县级以上地方人民政府依法行使强制执行权，强制执行的具体工作可以由县级以上地方人民政府责成有关部门负责。

《行政诉讼法》规定，公民、法人或者其他组织对具体行政行为在法定期间不提起诉讼又不履行的，行政机关可以申请人民法院强制执行，或者依法强制执行。城乡规划主管部门作出责令停止建设或者限期拆除的决定后，当事人在法定期间有权提出行政复议或直接向法院提起诉讼，行政复议或诉讼期间不影响执行。依照《城乡规划法》的规定，城乡规划主管部门作出责令停止建设或者限期拆除的决定后，当事人不执行决定，不停止建设或者逾期不拆除的，建设工程所在地县级以上地方人民政府可以责成有关部门采取查封施工现场、强制拆除等措施。《城乡规划法》赋予行政机关的强制执行权，相对通常行政机关申请人民法院强制执行的规定，是一个特别规定，是基于我国违法建设的实际情况和借鉴国外经验而作出的。

采取查封施工现场、强制拆除等措施对当事人的影响很大，应当慎重。地方政府行使行政强制执行权违反法律有关规定，侵害当事人合法权益的，也要承担相应的法律责任。

十、违反《城乡规划法》的规定应承担的刑事法律责任

刑事责任，是指具有刑事责任能力的人实施了刑事法律所禁止的行为（犯罪行为）而必须承担的法律义务。刑事责任是最严厉的法律责任。有关人民政府的负责人和其他直接责任人员、城乡规划主管部门等有关部门负责的主管人员和其他直接责任人员、城乡规划编制单位、建设单位，违反《城乡规划法》的规定，构成犯罪的，依法追究其刑事责任。刑事责任主要涉及渎职罪和破坏市场经济秩序罪。

第七章 附　　则

一、《城乡规划法》实施后的法律法规衔接

根据《城乡规划法》的规定，《城乡规划法》生效时，全国人民代表大会常务委员会 1989 年 12 月 26 日通过、1990 年 4 月 1 日开始实施的《城市规划法》同时废止。依据《城市规划法》制定的相关法规、规章应当及时修订，其中与《城乡规划法》不符的内容按照《城乡规划法》的规定执行。

二、关于《城乡规划法》配套法规的制定

在我国，完整的、完善的城乡规划法制建设包括核心法、行政法规、部门规章、地方法规和技术规范五个部分。依法规范每一个部分的事权，通过不同的侧重和内容，充分发挥不同的作

用，形成"合力"，才能保证城乡规划工作依法行政的严肃性和科学性。

所谓核心法也就是《城乡规划法》，这是我国城乡规划法制建设的"源头"，一切与城乡规划工作有关的基本原则都由此产生。随着社会主义市场经济体制的建立和不断完善，城乡经济生活快速发展，我国城乡二元结构已经发生了全面、深刻的改变，使得城乡规划的一体化成为可能，《城乡规划法》正是在这样的背景下应运而生，这部法律确立的许多制度，都具有重要而深远的意义。也正因为如此，保证这部法律全面、有效地贯彻实施，还要抓紧搞好城乡规划其他配套法规的制定和完善。

《城乡规划法》规定了我国城乡规划、建设和发展必须遵循的基本方针、原则和程序，是制定其他各层次法规、规章、行政措施的依据。为了确保全面准确地贯彻实施《城乡规划法》，国家和地方均有必要抓紧制定《城乡规划法》的配套行政法规、部门规章和地方法规、规章等，使《城乡规划法》所规定的基本原则和程序具体化。行政法规是十分重要的法律形式，在已有法律比较原则的情况下，通过行政法规可以进行必要的补充。这对于未来城市规划工作的法制建设是十分必要的。行政法规的立法程序十分严密，相关的协调工作也相当复杂，在法律规定相对原则而实际工作又需要完整、权威的具体规范时，如村镇建设、历史文化遗产保护、风景名胜区保护等，才应当考虑制定行政法规进行规范。

制定《城乡规划法》配套法规时，不能违背《城乡规划法》确定的原则、程序和各项规定，也就是说其他各层次的法规内容都不能与之相抵触；同时《城乡规划法》所确定的通用的基本原则、程序和各项规定，又应当根据各地的实际情况，通过各层次的地方立法加以充实和具体化。按照立法规划，与《城乡规划法》相关的配套法规中，《风景名胜区条例》《历史文化名城名镇名村保护条例》已经国务院颁布实施，《村庄和集镇规划建设管理条例》修改工作也在积极推进中；此外，《城乡规划法实施条例》的起草工作也在进行中。可以说，有关城乡规划工作的行政法规建设工作的进展是顺利的。

以"部令"方式发布的部门规章，是一种相对简便的立法方式。目前，相关部门已经就城乡规划的编制和实施工作，制定了一系列的部门规章。

通过法定程序确定的有关技术指标组成的技术规范，涉及不同利益主体和社会公众的基本利益，在市场经济体制下正在发挥着愈来愈重要的作用。《城乡规划法》对城乡规划的制定必须符合技术规范提出了十分明确、严格的要求。现有技术规范基本是由国家制定的，目前正在进行的工作，一是抓紧对一些缺项技术规范的制定；二是抓紧对已经颁布实施的技术规范，特别是关键性的技术规范，本着实事求是的态度进行研究并加以完善，以维护技术规范的权威性。

由省、自治区、直辖市人民代表大会常务委员会制定的地方法规，对城乡规划法制建设具有重大的意义。我国的省、自治区、直辖市从地理环境、资源、经济与社会发展、人口分布乃至文化背景都有其独特性，省、自治区的面积少则一二十万平方公里，多则一百多万平方公里。而这个层次的行政管理也表现出较好的权威性与完整性，在一个相对独立的区域编制与协调有效地实施城乡规划，无论从宏观还是微观的角度，这些都成为必不可少的前提条件。这决定了这个层次的有关法制建设的重要性和关键性，因为它所涵盖的内容必须包括几乎所有方面，同时还必须具备相当的可操作性，以成为市场经济条件下城市规划工作法治化的基础性依据。在《城乡规划法》中，从规划的制定到规划的实施，都授权可以由省一级人民代表大会常务委员会制定具体办法，同时法律确定的一些重要的制度，包括公众参与、监督检查以及必须制定规划的乡村地区、乡村庄规划区使用原有宅基地进行农村住宅建设的规划管理办法、临时建设和临时用地规划管理的具体办法等，都需要通过地方法规加以细化。同时，为了适应这部法律确定的一些新的原则，也需要通过地方法规作出更详细和更有针对性的规定，包括省域城镇体系规划的制定与实施、各类法定规划修改与备案管理的具体程序、规划实施监督的具体办法等。

回顾 20 世纪 90 年代各地制定的关于《城市规划法》的地方法规，不少仍停留在对法律规定的基本原则的重复上，这种状况很难适应体现和发挥地方法规本应有的地位与作用、保证《城乡规划法》全面贯彻落实的要求。因此，各省、自治区、直辖市的城乡规划主管部门，有起草地方法规权的各省会城市、较大的市的城乡规划主管部门，都要充分注意制定《城乡规划法》配套地方法规工作的迫切性和必要性，推动这项工作的进展。住房和城乡建设部也在法律许可的范围内介入地方法规的建设工作，主要包括针对地方法规建设的内容和要求提出指导性意见，针对主导性地方法规提前参与指导等，并把它作为日常工作的组成部分之一。

附　录

附录1　中华人民共和国城乡规划法

中华人民共和国城乡规划法

(2007 年 10 月 28 日第十届全国人民代表
大会常务委员会第三十次会议通过
自 2008 年 1 月 1 日起施行
2015 年 4 月 24 日第十二届全国人民代表大会
常务委员会第十四次会议第一次修正
2019 年 4 月 23 日第十三届全国人民代表大会
常务委员会第十次会议第二次修正)

第一章　总　　则

第一条　为了加强城乡规划管理，协调城乡空间布局，改善
人居环境，促进城乡经济社会全面协调可持续发展，制定本法。

第二条　制定和实施城乡规划，在规划区内进行建设活动，必须遵守本法。

本法所称城乡规划，包括城镇体系规划、城市规划、镇规划、乡规划和村庄规划。城市规划、镇规划分为总体规划和详细规划。详细规划分为控制性详细规划和修建性详细规划。

本法所称规划区，是指城市、镇和村庄的建成区以及因城乡建设和发展需要，必须实行规划控制的区域。规划区的具体范围由有关人民政府在组织编制的城市总体规划、镇总体规划、乡规划和村庄规划中，根据城乡经济社会发展水平和统筹城乡发展的需要划定。

第三条　城市和镇应当依照本法制定城市规划和镇规划。城市、镇规划区内的建设活动应当符合规划要求。

县级以上地方人民政府根据本地农村经济社会发展水平，按照因地制宜、切实可行的原则，确定应当制定乡规划、村庄规划的区域。在确定区域内的乡、村庄，应当依照本法制定规划，规划区内的乡、村庄建设应当符合规划要求。

县级以上地方人民政府鼓励、指导前款规定以外的区域的乡、村庄制定和实施乡规划、村庄规划。

第四条　制定和实施城乡规划，应当遵循城乡统筹、合理布局、节约土地、集约发展和先规划后建设的原则，改善生态环境，促进资源、能源节约和综合利用，保护耕地等自然资源和历史文化遗产，保持地方特色、民族特色和传统风貌，防止污染和其他公害，并符合区域人口发展、国防建设、防灾减灾和公共卫生、公共安全的需要。

在规划区内进行建设活动，应当遵守土地管理、自然资源和环境保护等法律、法规的规定。

县级以上地方人民政府应当根据当地经济社会发展的实际，在城市总体规划、镇总体规划中合理确定城市、镇的发展规模、步骤和建设标准。

　　第五条　城市总体规划、镇总体规划以及乡规划和村庄规划的编制，应当依据国民经济和社会发展规划，并与土地利用总体规划相衔接。

　　第六条　各级人民政府应当将城乡规划的编制和管理经费纳入本级财政预算。

　　第七条　经依法批准的城乡规划，是城乡建设和规划管理的依据，未经法定程序不得修改。

　　第八条　城乡规划组织编制机关应当及时公布经依法批准的城乡规划。但是，法律、行政法规规定不得公开的内容除外。

　　第九条　任何单位和个人都应当遵守经依法批准并公布的城乡规划，服从规划管理，并有权就涉及其利害关系的建设活动是否符合规划的要求向城乡规划主管部门查询。

　　任何单位和个人都有权向城乡规划主管部门或者其他有关部门举报或者控告违反城乡规划的行为。城乡规划主管部门或者其他有关部门对举报或者控告，应当及时受理并组织核查、处理。

　　第十条　国家鼓励采用先进的科学技术，增强城乡规划的科学性，提高城乡规划实施及监督管理的效能。

　　第十一条　国务院城乡规划主管部门负责全国的城乡规划管理工作。

　　县级以上地方人民政府城乡规划主管部门负责本行政区域内的城乡规划管理工作。

第二章　城乡规划的制定

　　第十二条　国务院城乡规划主管部门会同国务院有关部门组织编制全国城镇体系规划，用于指导省域城镇体系规划、城市总体规划的编制。

全国城镇体系规划由国务院城乡规划主管部门报国务院审批。

第十三条 省、自治区人民政府组织编制省域城镇体系规划，报国务院审批。

省域城镇体系规划的内容应当包括：城镇空间布局和规模控制，重大基础设施的布局，为保护生态环境、资源等需要严格控制的区域。

第十四条 城市人民政府组织编制城市总体规划。

直辖市的城市总体规划由直辖市人民政府报国务院审批。省、自治区人民政府所在地的城市以及国务院确定的城市的总体规划，由省、自治区人民政府审查同意后，报国务院审批。其他城市的总体规划，由城市人民政府报省、自治区人民政府审批。

第十五条 县人民政府组织编制县人民政府所在地镇的总体规划，报上一级人民政府审批。其他镇的总体规划由镇人民政府组织编制，报上一级人民政府审批。

第十六条 省、自治区人民政府组织编制的省域城镇体系规划，城市、县人民政府组织编制的总体规划，在报上一级人民政府审批前，应当先经本级人民代表大会常务委员会审议，常务委员会组成人员的审议意见交由本级人民政府研究处理。

镇人民政府组织编制的镇总体规划，在报上一级人民政府审批前，应当先经镇人民代表大会审议，代表的审议意见交由本级人民政府研究处理。

规划的组织编制机关报送审批省域城镇体系规划、城市总体规划或者镇总体规划，应当将本级人民代表大会常务委员会组成人员或者镇人民代表大会代表的审议意见和根据审议意见修改规划的情况一并报送。

第十七条 城市总体规划、镇总体规划的内容应当包括：城市、镇的发展布局，功能分区，用地布局，综合交通体系，禁止、限制和适宜建设的地域范围，各类专项规划等。

规划区范围、规划区内建设用地规模、基础设施和公共服务设施用地、水源地和水系、基本农田和绿化用地、环境保护、自然与历史文化遗产保护以及防灾减灾等内容，应当作为城市总体规划、镇总体规划的强制性内容。

城市总体规划、镇总体规划的规划期限一般为二十年。城市总体规划还应当对城市更长远的发展作出预测性安排。

第十八条　乡规划、村庄规划应当从农村实际出发，尊重村民意愿，体现地方和农村特色。

乡规划、村庄规划的内容应当包括：规划区范围，住宅、道路、供水、排水、供电、垃圾收集、畜禽养殖场所等农村生产、生活服务设施、公益事业等各项建设的用地布局、建设要求，以及对耕地等自然资源和历史文化遗产保护、防灾减灾等的具体安排。乡规划还应当包括本行政区域内的村庄发展布局。

第十九条　城市人民政府城乡规划主管部门根据城市总体规划的要求，组织编制城市的控制性详细规划，经本级人民政府批准后，报本级人民代表大会常务委员会和上一级人民政府备案。

第二十条　镇人民政府根据镇总体规划的要求，组织编制镇的控制性详细规划，报上一级人民政府审批。县人民政府所在地镇的控制性详细规划，由县人民政府城乡规划主管部门根据镇总体规划的要求组织编制，经县人民政府批准后，报本级人民代表大会常务委员会和上一级人民政府备案。

第二十一条　城市、县人民政府城乡规划主管部门和镇人民政府可以组织编制重要地块的修建性详细规划。修建性详细规划应当符合控制性详细规划。

第二十二条　乡、镇人民政府组织编制乡规划、村庄规划，报上一级人民政府审批。村庄规划在报送审批前，应当经村民会议或者村民代表会议讨论同意。

第二十三条　首都的总体规划、详细规划应当统筹考虑中央国家机关用地布局和空间安排的需要。

第二十四条　城乡规划组织编制机关应当委托具有相应资质等级的单位承担城乡规划的具体编制工作。

从事城乡规划编制工作应当具备下列条件，并经国务院城乡规划主管部门或者省、自治区、直辖市人民政府城乡规划主管部门依法审查合格，取得相应等级的资质证书后，方可在资质等级许可的范围内从事城乡规划编制工作：

（一）有法人资格；

（二）有规定数量的经相关行业协会注册的规划师；

（三）有规定数量的相关专业技术人员；

（四）有相应的技术装备；

（五）有健全的技术、质量、财务管理制度。

编制城乡规划必须遵守国家有关标准。

第二十五条　编制城乡规划，应当具备国家规定的勘察、测绘、气象、地震、水文、环境等基础资料。

县级以上地方人民政府有关主管部门应当根据编制城乡规划的需要，及时提供有关基础资料。

第二十六条　城乡规划报送审批前，组织编制机关应当依法将城乡规划草案予以公告，并采取论证会、听证会或者其他方式征求专家和公众的意见。公告的时间不得少于三十日。

组织编制机关应当充分考虑专家和公众的意见，并在报送审批的材料中附具意见采纳情况及理由。

第二十七条　省域城镇体系规划、城市总体规划、镇总体规划批准前，审批机关应当组织专家和有关部门进行审查。

第三章　城乡规划的实施

第二十八条　地方各级人民政府应当根据当地经济社会发展水平，量力而行，尊重群众意愿，有计划、分步骤地组织实施城乡规划。

第二十九条　城市的建设和发展，应当优先安排基础设施以及公共服务设施的建设，妥善处理新区开发与旧区改建的关系，统筹兼顾进城务工人员生活和周边农村经济社会发展、村民生产与生活的需要。

镇的建设和发展，应当结合农村经济社会发展和产业结构调整，优先安排供水、排水、供电、供气、道路、通信、广播电视等基础设施和学校、卫生院、文化站、幼儿园、福利院等公共服务设施的建设，为周边农村提供服务。

乡、村庄的建设和发展，应当因地制宜、节约用地，发挥村民自治组织的作用，引导村民合理进行建设，改善农村生产、生活条件。

第三十条　城市新区的开发和建设，应当合理确定建设规模和时序，充分利用现有市政基础设施和公共服务设施，严格保护自然资源和生态环境，体现地方特色。

在城市总体规划、镇总体规划确定的建设用地范围以外，不得设立各类开发区和城市新区。

第三十一条　旧城区的改建，应当保护历史文化遗产和传统风貌，合理确定拆迁和建设规模，有计划地对危房集中、基础设施落后等地段进行改建。

历史文化名城、名镇、名村的保护以及受保护建筑物的维护和使用，应当遵守有关法律、行政法规和国务院的规定。

第三十二条　城乡建设和发展，应当依法保护和合理利用风景名胜资源，统筹安排风景名胜区及周边乡、镇、村庄的建设。

风景名胜区的规划、建设和管理，应当遵守有关法律、行政法规和国务院的规定。

第三十三条 城市地下空间的开发和利用，应当与经济和技术发展水平相适应，遵循统筹安排、综合开发、合理利用的原则，充分考虑防灾减灾、人民防空和通信等需要，并符合城市规划，履行规划审批手续。

第三十四条 城市、县、镇人民政府应当根据城市总体规划、镇总体规划、土地利用总体规划和年度计划以及国民经济和社会发展规划，制定近期建设规划，报总体规划审批机关备案。

近期建设规划应当以重要基础设施、公共服务设施和中低收入居民住房建设以及生态环境保护为重点内容，明确近期建设的时序、发展方向和空间布局。近期建设规划的规划期限为五年。

第三十五条 城乡规划确定的铁路、公路、港口、机场、道路、绿地、输配电设施及输电线路走廊、通信设施、广播电视设施、管道设施、河道、水库、水源地、自然保护区、防汛通道、消防通道、核电站、垃圾填埋场及焚烧厂、污水处理厂和公共服务设施的用地以及其他需要依法保护的用地，禁止擅自改变用途。

第三十六条 按照国家规定需要有关部门批准或者核准的建设项目，以划拨方式提供国有土地使用权的，建设单位在报送有关部门批准或者核准前，应当向城乡规划主管部门申请核发选址意见书。

前款规定以外的建设项目不需要申请选址意见书。

第三十七条 在城市、镇规划区内以划拨方式提供国有土地使用权的建设项目，经有关部门批准、核准、备案后，建设单位应当向城市、县人民政府城乡规划主管部门提出建设用地规划许可申请，由城市、县人民政府城乡规划主管部门依据控制性详细规划核定建设用地的位置、面积、允许建设的范围，核发建设用地规划许可证。

建设单位在取得建设用地规划许可证后，方可向县级以上地方人民政府土地主管部门申请用地，经县级以上人民政府审批后，由土地主管部门划拨土地。

第三十八条 在城市、镇规划区内以出让方式提供国有土地使用权的，在国有土地使用权出让前，城市、县人民政府城乡规划主管部门应当依据控制性详细规划，提出出让地块的位置、使用性质、开发强度等规划条件，作为国有土地使用权出让合同的组成部分。未确定规划条件的地块，不得出让国有土地使用权。

以出让方式取得国有土地使用权的建设项目，建设单位在取得建设项目的批准、核准、备案文件和签订国有土地使用权出让合同后，向城市、县人民政府城乡规划主管部门领取建设用地规划许可证。

城市、县人民政府城乡规划主管部门不得在建设用地规划许可证中，擅自改变作为国有土地使用权出让合同组成部分的规划条件。

第三十九条 规划条件未纳入国有土地使用权出让合同的，该国有土地使用权出让合同无效；对未取得建设用地规划许可证的建设单位批准用地的，由县级以上人民政府撤销有关批准文件；占用土地的，应当及时退回；给当事人造成损失的，应当依法给予赔偿。

第四十条 在城市、镇规划区内进行建筑物、构筑物、道路、管线和其他工程建设的，建设单位或者个人应当向城市、县人民政府城乡规划主管部门或者省、自治区、直辖市人民政府确定的镇人民政府申请办理建设工程规划许可证。

申请办理建设工程规划许可证，应当提交使用土地的有关证明文件、建设工程设计方案等材料。需要建设单位编制修建性详细规划的建设项目，还应当提交修建性详细规划。对符合控制性详细规划和规划条件的，由城市、县人民政府城乡规划主管部门或者省、自治区、直辖市人民政府确定的镇人民政府核发建设工程规划许可证。

城市、县人民政府城乡规划主管部门或者省、自治区、直辖市人民政府确定的镇人民政府应当依法将经审定的修建性详细规划、建设工程设计方案的总平面图予以公布。

第四十一条 在乡、村庄规划区内进行乡镇企业、乡村公共设施和公益事业建设的，建设单位或者个人应当向乡、镇人民政府提出申请，由乡、镇人民政府报城市、县人民政府城乡规划主管部门核发乡村建设规划许可证。

在乡、村庄规划区内使用原有宅基地进行农村村民住宅建设的规划管理办法，由省、自治区、直辖市制定。

在乡、村庄规划区内进行乡镇企业、乡村公共设施和公益事业建设以及农村村民住宅建设，不得占用农用地；确需占用农用地的，应当依照《中华人民共和国土地管理法》有关规定办理农用地转用审批手续后，由城市、县人民政府城乡规划主管部门核发乡村建设规划许可证。

建设单位或者个人在取得乡村建设规划许可证后，方可办理用地审批手续。

第四十二条 城乡规划主管部门不得在城乡规划确定的建设用地范围以外作出规划许可。

第四十三条 建设单位应当按照规划条件进行建设；确需变更的，必须向城市、县人民政府城乡规划主管部门提出申请。变更内容不符合控制性详细规划的，城乡规划主管部门不得批准。城市、县人民政府城乡规划主管部门应当及时将依法变更后的规划条件通报同级土地主管部门并公示。

建设单位应当及时将依法变更后的规划条件报有关人民政府

土地主管部门备案。

第四十四条　在城市、镇规划区内进行临时建设的，应当经城市、县人民政府城乡规划主管部门批准。临时建设影响近期建设规划或者控制性详细规划的实施以及交通、市容、安全等的，不得批准。

临时建设应当在批准的使用期限内自行拆除。

临时建设和临时用地规划管理的具体办法，由省、自治区、直辖市人民政府制定。

第四十五条　县级以上地方人民政府城乡规划主管部门按照国务院规定对建设工程是否符合规划条件予以核实。未经核实或者经核实不符合规划条件的，建设单位不得组织竣工验收。

建设单位应当在竣工验收后六个月内向城乡规划主管部门报送有关竣工验收资料。

第四章　城乡规划的修改

第四十六条　省域城镇体系规划、城市总体规划、镇总体规划的组织编制机关，应当组织有关部门和专家定期对规划实施情况进行评估，并采取论证会、听证会或者其他方式征求公众意见。组织编制机关应当向本级人民代表大会常务委员会、镇人民代表大会和原审批机关提出评估报告并附具征求意见的情况。

第四十七条　有下列情形之一的，组织编制机关方可按照规定的权限和程序修改省域城镇体系规划、城市总体规划、镇总体规划：

（一）上级人民政府制定的城乡规划发生变更，提出修改规划要求的；

（二）行政区划调整确需修改规划的；

（三）因国务院批准重大建设工程确需修改规划的；

（四）经评估确需修改规划的；

（五）城乡规划的审批机关认为应当修改规划的其他情形。

修改省域城镇体系规划、城市总体规划、镇总体规划前，组织编制机关应当对原规划的实施情况进行总结，并向原审批机关报告；修改涉及城市总体规划、镇总体规划强制性内容的，应当先向原审批机关提出专题报告，经同意后，方可编制修改方案。

修改后的省域城镇体系规划、城市总体规划、镇总体规划，应当依照本法第十三条、第十四条、第十五条和第十六条规定的审批程序报批。

第四十八条　修改控制性详细规划的，组织编制机关应当对修改的必要性进行论证，征求规划地段内利害关系人的意见，并向原审批机关提出专题报告，经原审批机关同意后，方可编制修改方案。修改后的控制性详细规划，应当依照本法第十九条、第二十条规定的审批程序报批。控制性详细规划修改涉及城市总体规划、镇总体规划的强制性内容的，应当先修改总体规划。

修改乡规划、村庄规划的，应当依照本法第二十二条规定的审批程序报批。

第四十九条　城市、县、镇人民政府修改近期建设规划的，应当将修改后的近期建设规划报总体规划审批机关备案。

第五十条　在选址意见书、建设用地规划许可证、建设工程规划许可证或者乡村建设规划许可证发放后，因依法修改城乡规划给被许可人合法权益造成损失的，应当依法给予补偿。

经依法审定的修建性详细规划、建设工程设计方案的总平面图不得随意修改；确需修改的，城乡规划主管部门应当采取听证会等形式，听取利害关系人的意见；因修改给利害关系人合法权益造成损失的，应当依法给予补偿。

第五章　监督检查

第五十一条　县级以上人民政府及其城乡规划主管部门应当加强对城乡规划编制、审批、实施、修改的监督检查。

第五十二条　地方各级人民政府应当向本级人民代表大会常务委员会或者乡、镇人民代表大会报告城乡规划的实施情况，并接受监督。

第五十三条　县级以上人民政府城乡规划主管部门对城乡规划的实施情况进行监督检查，有权采取以下措施：

（一）要求有关单位和人员提供与监督事项有关的文件、资料，并进行复制；

（二）要求有关单位和人员就监督事项涉及的问题作出解释和说明，并根据需要进入现场进行勘测；

（三）责令有关单位和人员停止违反有关城乡规划的法律、法规的行为。

城乡规划主管部门的工作人员履行前款规定的监督检查职责，应当出示执法证件。被监督检查的单位和人员应当予以配合，不得妨碍和阻挠依法进行的监督检查活动。

第五十四条　监督检查情况和处理结果应当依法公开，供公众查阅和监督。

第五十五条　城乡规划主管部门在查处违反本法规定的行为时，发现国家机关工作人员依法应当给予行政处分的，应当向其任免机关或者监察机关提出处分建议。

第五十六条　依照本法规定应当给予行政处罚，而有关城乡规划主管部门不给予行政处罚的，上级人民政府城乡规划主管部门有权责令其作出行政处罚决定或者建议有关人民政府责令其给予行政处罚。

第五十七条 城乡规划主管部门违反本法规定作出行政许可的，上级人民政府城乡规划主管部门有权责令其撤销或者直接撤销该行政许可。因撤销行政许可给当事人合法权益造成损失的，应当依法给予赔偿。

第六章 法律责任

第五十八条 对依法应当编制城乡规划而未组织编制，或者未按法定程序编制、审批、修改城乡规划的，由上级人民政府责令改正，通报批评；对有关人民政府负责人和其他直接责任人员依法给予处分。

第五十九条 城乡规划组织编制机关委托不具有相应资质等级的单位编制城乡规划的，由上级人民政府责令改正，通报批评；对有关人民政府负责人和其他直接责任人员依法给予处分。

第六十条 镇人民政府或者县级以上人民政府城乡规划主管部门有下列行为之一的，由本级人民政府、上级人民政府城乡规划主管部门或者监察机关依据职权责令改正，通报批评；对直接负责的主管人员和其他直接责任人员依法给予处分：

（一）未依法组织编制城市的控制性详细规划、县人民政府所在地镇的控制性详细规划的；

（二）超越职权或者对不符合法定条件的申请人核发选址意见书、建设用地规划许可证、建设工程规划许可证、乡村建设规划许可证的；

（三）对符合法定条件的申请人未在法定期限内核发选址意见书、建设用地规划许可证、建设工程规划许可证、乡村建设规划许可证的；

（四）未依法对经审定的修建性详细规划、建设工程设计方案的总平面图予以公布的；

（五）同意修改修建性详细规划、建设工程设计方案的总平面图前未采取听证会等形式听取利害关系人的意见的；

（六）发现未依法取得规划许可或者违反规划许可的规定在规划区内进行建设的行为，而不予查处或者接到举报后不依法处理的。

第六十一条　县级以上人民政府有关部门有下列行为之一的，由本级人民政府或者上级人民政府有关部门责令改正，通报批评；对直接负责的主管人员和其他直接责任人员依法给予处分：

（一）对未依法取得选址意见书的建设项目核发建设项目批准文件的；

（二）未依法在国有土地使用权出让合同中确定规划条件或者改变国有土地使用权出让合同中依法确定的规划条件的；

（三）对未依法取得建设用地规划许可证的建设单位划拨国有土地使用权的。

第六十二条　城乡规划编制单位有下列行为之一的，由所在地城市、县人民政府城乡规划主管部门责令限期改正，处合同约定的规划编制费一倍以上二倍以下的罚款；情节严重的，责令停业整顿，由原发证机关降低资质等级或者吊销资质证书；造成损失的，依法承担赔偿责任：

（一）超越资质等级许可的范围承揽城乡规划编制工作的；

（二）违反国家有关标准编制城乡规划的。

未依法取得资质证书承揽城乡规划编制工作的，由县级以上地方人民政府城乡规划主管部门责令停止违法行为，依照前款规定处以罚款；造成损失的，依法承担赔偿责任。

以欺骗手段取得资质证书承揽城乡规划编制工作的，由原发证机关吊销资质证书，依照本条第一款规定处以罚款；造成损失的，依法承担赔偿责任。

第六十三条 城乡规划编制单位取得资质证书后，不再符合相应的资质条件的，由原发证机关责令限期改正；逾期不改正的，降低资质等级或者吊销资质证书。

第六十四条 未取得建设工程规划许可证或者未按照建设工程规划许可证的规定进行建设的，由县级以上地方人民政府城乡规划主管部门责令停止建设；尚可采取改正措施消除对规划实施的影响的，限期改正，处建设工程造价百分之五以上百分之十以下的罚款；无法采取改正措施消除影响的，限期拆除，不能拆除的，没收实物或者违法收入，可以并处建设工程造价百分之十以下的罚款。

第六十五条 在乡、村庄规划区内未依法取得乡村建设规划许可证或者未按照乡村建设规划许可证的规定进行建设的，由乡、镇人民政府责令停止建设、限期改正；逾期不改正的，可以拆除。

第六十六条 建设单位或者个人有下列行为之一的，由所在地城市、县人民政府城乡规划主管部门责令限期拆除，可以并处临时建设工程造价一倍以下的罚款：

（一）未经批准进行临时建设的；

（二）未按照批准内容进行临时建设的；

（三）临时建筑物、构筑物超过批准期限不拆除的。

第六十七条 建设单位未在建设工程竣工验收后六个月内向城乡规划主管部门报送有关竣工验收资料的，由所在地城市、县人民政府城乡规划主管部门责令限期补报；逾期不补报的，处一万元以上五万元以下的罚款。

第六十八条 城乡规划主管部门作出责令停止建设或者限期拆除的决定后，当事人不停止建设或者逾期不拆除的，建设工程所在地县级以上地方人民政府可以责成有关部门采取查封施工现场、强制拆除等措施。

第六十九条 违反本法规定，构成犯罪的，依法追究刑事责任。

第七章 附 则

第七十条 本法自 2008 年 1 月 1 日起施行。《中华人民共和国城市规划法》同时废止。

附录 2 相关法律、法规和规章

中华人民共和国环境保护法

（1989 年 12 月 26 日第七届全国人民代表大会常务委员会
第十一次会议通过并公布　自公布之日起施行
2014 年 4 月 24 日第十二届全国人民代表大会
常务委员会第八次会议修订
自 2015 年 1 月 1 日起施行）

第一章 总　　则

第一条　为保护和改善环境，防治污染和其他公害，保障公众健康，推进生态文明建设，促进经济社会可持续发展，制定本法。

第二条　本法所称环境，是指影响人类生存和发展的各种天然的和经过人工改造的自然因素的总体，包括大气、水、海洋、土地、矿藏、森林、草原、湿地、野生生物、自然遗迹、人文遗迹、自然保护区、风景名胜区、城市和乡村等。

第三条　本法适用于中华人民共和国领域和中华人民共和国管辖的其他海域。

第四条　保护环境是国家的基本国策。

国家采取有利于节约和循环利用资源、保护和改善环境、促进人与自然和谐的经济、技术政策和措施，使经济社会发展与环境保护相协调。

第五条　环境保护坚持保护优先、预防为主、综合治理、公众参与、损害担责的原则。

第六条　一切单位和个人都有保护环境的义务。

地方各级人民政府应当对本行政区域的环境质量负责。

企业事业单位和其他生产经营者应当防止、减少环境污染和生态破坏，对所造成的损害依法承担责任。

公民应当增强环境保护意识，采取低碳、节俭的生活方式，自觉履行环境保护义务。

第七条　国家支持环境保护科学技术研究、开发和应用，鼓励环境保护产业发展，促进环境保护信息化建设，提高环境保护科学技术水平。

第八条　各级人民政府应当加大保护和改善环境、防治污染和其他公害的财政投入，提高财政资金的使用效益。

第九条　各级人民政府应当加强环境保护宣传和普及工作，鼓励基层群众性自治组织、社会组织、环境保护志愿者开展环境保护法律法规和环境保护知识的宣传，营造保护环境的良好风气。

教育行政部门、学校应当将环境保护知识纳入学校教育内容，培养学生的环境保护意识。

新闻媒体应当开展环境保护法律法规和环境保护知识的宣传，对环境违法行为进行舆论监督。

第十条 国务院环境保护主管部门，对全国环境保护工作实施统一监督管理；县级以上地方人民政府环境保护主管部门，对本行政区域环境保护工作实施统一监督管理。

县级以上人民政府有关部门和军队环境保护部门，依照有关法律的规定对资源保护和污染防治等环境保护工作实施监督管理。

第十一条 对保护和改善环境有显著成绩的单位和个人，由人民政府给予奖励。

第十二条 每年 6 月 5 日为环境日。

第二章　监督管理

第十三条 县级以上人民政府应当将环境保护工作纳入国民经济和社会发展规划。

国务院环境保护主管部门会同有关部门，根据国民经济和社会发展规划编制国家环境保护规划，报国务院批准并公布实施。

县级以上地方人民政府环境保护主管部门会同有关部门，根据国家环境保护规划的要求，编制本行政区域的环境保护规划，报同级人民政府批准并公布实施。

环境保护规划的内容应当包括生态保护和污染防治的目标、任务、保障措施等，并与主体功能区规划、土地利用总体规划和城乡规划等相衔接。

第十四条 国务院有关部门和省、自治区、直辖市人民政府组织制定经济、技术政策，应当充分考虑对环境的影响，听取有关方面和专家的意见。

第十五条 国务院环境保护主管部门制定国家环境质量

标准。

省、自治区、直辖市人民政府对国家环境质量标准中未作规定的项目，可以制定地方环境质量标准；对国家环境质量标准中已作规定的项目，可以制定严于国家环境质量标准的地方环境质量标准。地方环境质量标准应当报国务院环境保护主管部门备案。

国家鼓励开展环境基准研究。

第十六条　国务院环境保护主管部门根据国家环境质量标准和国家经济、技术条件，制定国家污染物排放标准。

省、自治区、直辖市人民政府对国家污染物排放标准中未作规定的项目，可以制定地方污染物排放标准；对国家污染物排放标准中已作规定的项目，可以制定严于国家污染物排放标准的地方污染物排放标准。地方污染物排放标准应当报国务院环境保护主管部门备案。

第十七条　国家建立、健全环境监测制度。国务院环境保护主管部门制定监测规范，会同有关部门组织监测网络，统一规划国家环境质量监测站（点）的设置，建立监测数据共享机制，加强对环境监测的管理。

有关行业、专业等各类环境质量监测站（点）的设置应当符合法律法规规定和监测规范的要求。

监测机构应当使用符合国家标准的监测设备，遵守监测规范。监测机构及其负责人对监测数据的真实性和准确性负责。

第十八条　省级以上人民政府应当组织有关部门或者委托专业机构，对环境状况进行调查、评价，建立环境资源承载能力监测预警机制。

第十九条　编制有关开发利用规划，建设对环境有影响的项目，应当依法进行环境影响评价。

未依法进行环境影响评价的开发利用规划，不得组织实施；

未依法进行环境影响评价的建设项目，不得开工建设。

　　第二十条　国家建立跨行政区域的重点区域、流域环境污染和生态破坏联合防治协调机制，实行统一规划、统一标准、统一监测、统一的防治措施。

　　前款规定以外的跨行政区域的环境污染和生态破坏的防治，由上级人民政府协调解决，或者由有关地方人民政府协商解决。

　　第二十一条　国家采取财政、税收、价格、政府采购等方面的政策和措施，鼓励和支持环境保护技术装备、资源综合利用和环境服务等环境保护产业的发展。

　　第二十二条　企业事业单位和其他生产经营者，在污染物排放符合法定要求的基础上，进一步减少污染物排放的，人民政府应当依法采取财政、税收、价格、政府采购等方面的政策和措施予以鼓励和支持。

　　第二十三条　企业事业单位和其他生产经营者，为改善环境，依照有关规定转产、搬迁、关闭的，人民政府应当予以支持。

　　第二十四条　县级以上人民政府环境保护主管部门及其委托的环境监察机构和其他负有环境保护监督管理职责的部门，有权对排放污染物的企业事业单位和其他生产经营者进行现场检查。被检查者应当如实反映情况，提供必要的资料。实施现场检查的部门、机构及其工作人员应当为被检查者保守商业秘密。

　　第二十五条　企业事业单位和其他生产经营者违反法律法规规定排放污染物，造成或者可能造成严重污染的，县级以上人民政府环境保护主管部门和其他负有环境保护监督管理职责的部门，可以查封、扣押造成污染物排放的设施、设备。

　　第二十六条　国家实行环境保护目标责任制和考核评价制度。县级以上人民政府应当将环境保护目标完成情况纳入对本级人民政府负有环境保护监督管理职责的部门及其负责人和下级人民政府及其负责人的考核内容，作为对其考核评价的重要依据。考核结果应当向社会公开。

第二十七条　县级以上人民政府应当每年向本级人民代表大会或者人民代表大会常务委员会报告环境状况和环境保护目标完成情况，对发生的重大环境事件应当及时向本级人民代表大会常务委员会报告，依法接受监督。

第三章　保护和改善环境

第二十八条　地方各级人民政府应当根据环境保护目标和治理任务，采取有效措施，改善环境质量。

未达到国家环境质量标准的重点区域、流域的有关地方人民政府，应当制定限期达标规划，并采取措施按期达标。

第二十九条　国家在重点生态功能区、生态环境敏感区和脆弱区等区域划定生态保护红线，实行严格保护。

各级人民政府对具有代表性的各种类型的自然生态系统区域，珍稀、濒危的野生动植物自然分布区域，重要的水源涵养区域，具有重大科学文化价值的地质构造、著名溶洞和化石分布区、冰川、火山、温泉等自然遗迹，以及人文遗迹、古树名木，应当采取措施予以保护，严禁破坏。

第三十条　开发利用自然资源，应当合理开发，保护生物多样性，保障生态安全，依法制定有关生态保护和恢复治理方案并予以实施。

引进外来物种以及研究、开发和利用生物技术，应当采取措施，防止对生物多样性的破坏。

第三十一条　国家建立、健全生态保护补偿制度。

国家加大对生态保护地区的财政转移支付力度。有关地方人民政府应当落实生态保护补偿资金，确保其用于生态保护补偿。

国家指导受益地区和生态保护地区人民政府通过协商或者按照市场规则进行生态保护补偿。

第三十二条 国家加强对大气、水、土壤等的保护，建立和完善相应的调查、监测、评估和修复制度。

第三十三条 各级人民政府应当加强对农业环境的保护，促进农业环境保护新技术的使用，加强对农业污染源的监测预警，统筹有关部门采取措施，防治土壤污染和土地沙化、盐渍化、贫瘠化、石漠化、地面沉降以及防治植被破坏、水土流失、水体富营养化、水源枯竭、种源灭绝等生态失调现象，推广植物病虫害的综合防治。

县级、乡级人民政府应当提高农村环境保护公共服务水平，推动农村环境综合整治。

第三十四条 国务院和沿海地方各级人民政府应当加强对海洋环境的保护。向海洋排放污染物、倾倒废弃物，进行海岸工程和海洋工程建设，应当符合法律法规定和有关标准，防止和减少对海洋环境的污染损害。

第三十五条 城乡建设应当结合当地自然环境的特点，保护植被、水域和自然景观，加强城市园林、绿地和风景名胜区的建设与管理。

第三十六条 国家鼓励和引导公民、法人和其他组织使用有利于保护环境的产品和再生产品，减少废弃物的产生。

国家机关和使用财政资金的其他组织应当优先采购和使用节能、节水、节材等有利于保护环境的产品、设备和设施。

第三十七条 地方各级人民政府应当采取措施，组织对生活废弃物的分类处置、回收利用。

第三十八条 公民应当遵守环境保护法律法规，配合实施环境保护措施，按照规定对生活废弃物进行分类放置，减少日常生活对环境造成的损害。

第三十九条　国家建立、健全环境与健康监测、调查和风险评估制度；鼓励和组织开展环境质量对公众健康影响的研究，采取措施预防和控制与环境污染有关的疾病。

第四章　防治污染和其他公害

第四十条　国家促进清洁生产和资源循环利用。

国务院有关部门和地方各级人民政府应当采取措施，推广清洁能源的生产和使用。

企业应当优先使用清洁能源，采用资源利用率高、污染物排放量少的工艺、设备以及废弃物综合利用技术和污染物无害化处理技术，减少污染物的产生。

第四十一条　建设项目中防治污染的设施，应当与主体工程同时设计、同时施工、同时投产使用。防治污染的设施应当符合经批准的环境影响评价文件的要求，不得擅自拆除或者闲置。

第四十二条　排放污染物的企业事业单位和其他生产经营者，应当采取措施，防治在生产建设或者其他活动中产生的废气、废水、废渣、医疗废物、粉尘、恶臭气体、放射性物质以及噪声、振动、光辐射、电磁辐射等对环境的污染和危害。

排放污染物的企业事业单位，应当建立环境保护责任制度，明确单位负责人和相关人员的责任。

重点排污单位应当按照国家有关规定和监测规范安装使用监测设备，保证监测设备正常运行，保存原始监测记录。

严禁通过暗管、渗井、渗坑、灌注或者篡改、伪造监测数据，或者不正常运行防治污染设施等逃避监管的方式违法排放污染物。

第四十三条　排放污染物的企业事业单位和其他生产经营者，应当按照国家有关规定缴纳排污费。排污费应当全部专项用于环境污染防治，任何单位和个人不得截留、挤占或者挪作他用。

依照法律规定征收环境保护税的，不再征收排污费。

第四十四条 国家实行重点污染物排放总量控制制度。重点污染物排放总量控制指标由国务院下达，省、自治区、直辖市人民政府分解落实。企业事业单位在执行国家和地方污染物排放标准的同时，应当遵守分解落实到本单位的重点污染物排放总量控制指标。

对超过国家重点污染物排放总量控制指标或者未完成国家确定的环境质量目标的地区，省级以上人民政府环境保护主管部门应当暂停审批其新增重点污染物排放总量的建设项目环境影响评价文件。

第四十五条 国家依照法律规定实行排污许可管理制度。

实行排污许可管理的企业事业单位和其他生产经营者应当按照排污许可证的要求排放污染物；未取得排污许可证的，不得排放污染物。

第四十六条 国家对严重污染环境的工艺、设备和产品实行淘汰制度。任何单位和个人不得生产、销售或者转移、使用严重污染环境的工艺、设备和产品。

禁止引进不符合我国环境保护规定的技术、设备、材料和产品。

第四十七条 各级人民政府及其有关部门和企业事业单位，应当依照《中华人民共和国突发事件应对法》的规定，做好突发环境事件的风险控制、应急准备、应急处置和事后恢复等工作。

县级以上人民政府应当建立环境污染公共监测预警机制，组织制定预警方案；环境受到污染，可能影响公众健康和环境安全时，依法及时公布预警信息，启动应急措施。

　　企业事业单位应当按照国家有关规定制定突发环境事件应急预案，报环境保护主管部门和有关部门备案。在发生或者可能发生突发环境事件时，企业事业单位应当立即采取措施处理，及时通报可能受到危害的单位和居民，并向环境保护主管部门和有关部门报告。

　　突发环境事件应急处置工作结束后，有关人民政府应当立即组织评估事件造成的环境影响和损失，并及时将评估结果向社会公布。

　　第四十八条　生产、储存、运输、销售、使用、处置化学物品和含有放射性物质的物品，应当遵守国家有关规定，防止污染环境。

　　第四十九条　各级人民政府及其农业等有关部门和机构应当指导农业生产经营者科学种植和养殖，科学合理施用农药、化肥等农业投入品，科学处置农用薄膜、农作物秸秆等农业废弃物，防止农业面源污染。

　　禁止将不符合农用标准和环境保护标准的固体废物、废水施入农田。施用农药、化肥等农业投入品及进行灌溉，应当采取措施，防止重金属和其他有毒有害物质污染环境。

　　畜禽养殖场、养殖小区、定点屠宰企业等的选址、建设和管理应当符合有关法律法规规定。从事畜禽养殖和屠宰的单位和个人应当采取措施，对畜禽粪便、尸体和污水等废弃物进行科学处置，防止污染环境。

　　县级人民政府负责组织农村生活废弃物的处置工作。

　　第五十条　各级人民政府应当在财政预算中安排资金，支持农村饮用水水源地保护、生活污水和其他废弃物处理、畜禽养殖和屠宰污染防治、土壤污染防治和农村工矿污染治理等环境保护工作。

　　第五十一条　各级人民政府应当统筹城乡建设污水处理设施

及配套管网，固体废物的收集、运输和处置等环境卫生设施，危险废物集中处置设施、场所以及其他环境保护公共设施，并保障其正常运行。

第五十二条 国家鼓励投保环境污染责任保险。

第五章　信息公开和公众参与

第五十三条 公民、法人和其他组织依法享有获取环境信息、参与和监督环境保护的权利。

各级人民政府环境保护主管部门和其他负有环境保护监督管理职责的部门，应当依法公开环境信息、完善公众参与程序，为公民、法人和其他组织参与和监督环境保护提供便利。

第五十四条 国务院环境保护主管部门统一发布国家环境质量、重点污染源监测信息及其他重大环境信息。省级以上人民政府环境保护主管部门定期发布环境状况公报。

县级以上人民政府环境保护主管部门和其他负有环境保护监督管理职责的部门，应当依法公开环境质量、环境监测、突发环境事件以及环境行政许可、行政处罚、排污费的征收和使用情况等信息。

县级以上地方人民政府环境保护主管部门和其他负有环境保护监督管理职责的部门，应当将企业事业单位和其他生产经营者的环境违法信息记入社会诚信档案，及时向社会公布违法者名单。

第五十五条 重点排污单位应当如实向社会公开其主要污染物的名称、排放方式、排放浓度和总量、超标排放情况，以及防治污染设施的建设和运行情况，接受社会监督。

第五十六条 对依法应当编制环境影响报告书的建设项目，建设单位应当在编制时向可能受影响的公众说明情况，充分征求意见。

负责审批建设项目环境影响评价文件的部门在收到建设项目环境影响报告书后，除涉及国家秘密和商业秘密的事项外，应当全文公开；发现建设项目未充分征求公众意见的，应当责成建设单位征求公众意见。

第五十七条　公民、法人和其他组织发现任何单位和个人有污染环境和破坏生态行为的，有权向环境保护主管部门或者其他负有环境保护监督管理职责的部门举报。

公民、法人和其他组织发现地方各级人民政府、县级以上人民政府环境保护主管部门和其他负有环境保护监督管理职责的部门不依法履行职责的，有权向其上级机关或者监察机关举报。

接受举报的机关应当对举报人的相关信息予以保密，保护举报人的合法权益。

第五十八条　对污染环境、破坏生态，损害社会公共利益的行为，符合下列条件的社会组织可以向人民法院提起诉讼：

（一）依法在设区的市级以上人民政府民政部门登记；

（二）专门从事环境保护公益活动连续五年以上且无违法记录。

符合前款规定的社会组织向人民法院提起诉讼，人民法院应当依法受理。

提起诉讼的社会组织不得通过诉讼牟取经济利益。

第六章　法律责任

第五十九条　企业事业单位和其他生产经营者违法排放污染物，受到罚款处罚，被责令改正，拒不改正的，依法作出处罚决定的行政机关可以自责令改正之日的次日起，按照原处罚数额按日连续处罚。

前款规定的罚款处罚，依照有关法律法规按照防治污染设施的运行成本、违法行为造成的直接损失或者违法所得等因素确定的规定执行。

地方性法规可以根据环境保护的实际需要，增加第一款规定的按日连续处罚的违法行为的种类。

第六十条　企业事业单位和其他生产经营者超过污染物排放标准或者超过重点污染物排放总量控制指标排放污染物的，县级以上人民政府环境保护主管部门可以责令其采取限制生产、停产整治等措施；情节严重的，报经有批准权的人民政府批准，责令停业、关闭。

第六十一条　建设单位未依法提交建设项目环境影响评价文件或者环境影响评价文件未经批准，擅自开工建设的，由负有环境保护监督管理职责的部门责令停止建设，处以罚款，并可以责令恢复原状。

第六十二条　违反本法规定，重点排污单位不公开或者不如实公开环境信息的，由县级以上地方人民政府环境保护主管部门责令公开，处以罚款，并予以公告。

第六十三条　企业事业单位和其他生产经营者有下列行为之一，尚不构成犯罪的，除依照有关法律法规规定予以处罚外，由县级以上人民政府环境保护主管部门或者其他有关部门将案件移送公安机关，对其直接负责的主管人员和其他直接责任人员，处十日以上十五日以下拘留；情节较轻的，处五日以上十日以下拘留：

（一）建设项目未依法进行环境影响评价，被责令停止建设，拒不执行的；

（二）违反法律规定，未取得排污许可证排放污染物，被责令停止排污，拒不执行的；

（三）通过暗管、渗井、渗坑、灌注或者篡改、伪造监测数据，或者不正常运行防治污染设施等逃避监管的方式违法排放污染物的；

（四）生产、使用国家明令禁止生产、使用的农药，被责令改正，拒不改正的。

第六十四条　因污染环境和破坏生态造成损害的，应当依照《中华人民共和国侵权责任法》的有关规定承担侵权责任。

第六十五条　环境影响评价机构、环境监测机构以及从事环境监测设备和防治污染设施维护、运营的机构，在有关环境服务活动中弄虚作假，对造成的环境污染和生态破坏负有责任的，除依照有关法律法规规定予以处罚外，还应当与造成环境污染和生态破坏的其他责任者承担连带责任。

第六十六条　提起环境损害赔偿诉讼的时效期间为三年，从当事人知道或者应当知道其受到损害时起计算。

第六十七条　上级人民政府及其环境保护主管部门应当加强对下级人民政府及其有关部门环境保护工作的监督。发现有关工作人员有违法行为，依法应当给予处分的，应当向其任免机关或者监察机关提出处分建议。

依法应当给予行政处罚，而有关环境保护主管部门不给予行政处罚的，上级人民政府环境保护主管部门可以直接作出行政处罚的决定。

第六十八条　地方各级人民政府、县级以上人民政府环境保护主管部门和其他负有环境保护监督管理职责的部门有下列行为之一的，对直接负责的主管人员和其他直接责任人员给予记过、记大过或者降级处分；造成严重后果的，给予撤职或者开除处分，其主要负责人应当引咎辞职：

（一）不符合行政许可条件准予行政许可的；

（二）对环境违法行为进行包庇的；

（三）依法应当作出责令停业、关闭的决定而未作出的；

（四）对超标排放污染物、采用逃避监管的方式排放污染物、造成环境事故以及不落实生态保护措施造成生态破坏等行为，发现或者接到举报未及时查处的；

（五）违反本法规定，查封、扣押企业事业单位和其他生产经营者的设施、设备的；

（六）篡改、伪造或者指使篡改、伪造监测数据的；

（七）应当依法公开环境信息而未公开的；

（八）将征收的排污费截留、挤占或者挪作他用的；

（九）法律法规规定的其他违法行为。

第六十九条　违反本法规定，构成犯罪的，依法追究刑事责任。

第七章　附　　则

第七十条　本法自 2015 年 1 月 1 日起施行。

中华人民共和国城市房地产管理法

(1994 年 7 月 5 日第八届全国人民代表大会常务委员会
第八次会议通过　　自 1995 年 1 月 1 日起施行
2007 年 8 月 30 日第十届全国人民代表大会
常务委员会第二十九次会议第一次修正
2009 年 8 月 27 日第十一届全国人民代表大会
常务委员会第十次会议第二次修正
2019 年 8 月 26 日第十三届全国人民代表大会
常务委员会第十二次会议第三次修正)

第一章　总　　则

第一条　为了加强对城市房地产的管理，维护房地产市场秩序，保障房地产权利人的合法权益，促进房地产业的健康发展，制定本法。

第二条　在中华人民共和国城市规划区国有土地（以下简称国有土地）范围内取得房地产开发用地的土地使用权，从事房地产开发、房地产交易，实施房地产管理，应当遵守本法。

本法所称房屋，是指土地上的房屋等建筑物及构筑物。

本法所称房地产开发，是指在依据本法取得国有土地使用权的土地上进行基础设施、房屋建设的行为。

本法所称房地产交易,包括房地产转让、房地产抵押和房屋租赁。

第三条　国家依法实行国有土地有偿、有限期使用制度。但是，国家在本法规定的范围内划拨使用国有土地的除外。

第四条　国家根据社会、经济发展水平，扶持发展居民住宅建设，逐步改善居民的居住条件。

第五条　房地产权利人应当遵守法律和行政法规，依法纳税。房地产权利人的合法权益受法律保护，任何单位和个人不得侵犯。

第六条 为了公共利益的需要，国家可以征收国有土地上单位和个人的房屋，并依法给予拆迁补偿，维护被征收人的合法权益；征收个人住宅的，还应当保障被征收人的居住条件。具体办法由国务院规定。

第七条 国务院建设行政主管部门、土地管理部门依照国务院规定的职权划分，各司其职，密切配合，管理全国房地产工作。

县级以上地方人民政府房产管理、土地管理部门的机构设置及其职权由省、自治区、直辖市人民政府确定。

第二章 房地产开发用地

第一节 土地使用权出让

第八条 土地使用权出让，是指国家将国有土地使用权（以下简称土地使用权）在一定年限内出让给土地使用者，由土地使用者向国家支付土地使用权出让金的行为。

第九条 城市规划区内的集体所有的土地，经依法征收转为国有土地后，该幅国有土地的使用权方可有偿出让，但法律另有规定的除外。

第十条 土地使用权出让，必须符合土地利用总体规划、城市规划和年度建设用地计划。

第十一条 县级以上地方人民政府出让土地使用权用于房地产开发的，须根据省级以上人民政府下达的控制指标拟订年度出让土地使用权总面积方案，按照国务院规定，报国务院或者省级人民政府批准。

第十二条 土地使用权出让，由市、县人民政府有计划、有步骤地进行。出让的每幅地块、用途、年限和其他条件，由市、县人民政府土地管理部门会同城市规划、建设、房产管理部门共同拟订方案，按照国务院规定，报经有批准权的人民政府批准后，由市、县人民政府土地管理部门实施。

直辖市的县人民政府及其有关部门行使前款规定的权限，由直辖市人民政府规定。

第十三条　土地使用权出让，可以采取拍卖、招标或者双方协议的方式。

商业、旅游、娱乐和豪华住宅用地，有条件的，必须采取拍卖、招标方式；没有条件的，不能采取拍卖、招标方式的，可以采取双方协议的方式。

采取双方协议方式出让土地使用权的出让金不得低于按国家规定所确定的最低价。

第十四条　土地使用权出让最高年限由国务院规定。

第十五条　土地使用权出让，应当签订书面出让合同。

土地使用权出让合同由市、县人民政府土地管理部门与土地使用者签订。

第十六条　土地使用者必须按照出让合同约定，支付土地使用权出让金；未按照出让合同约定支付土地使用权出让金的，土地管理部门有权解除合同，并可以请求违约赔偿。

第十七条　土地使用者按照出让合同约定支付土地使用权出让金的，市、县人民政府土地管理部门必须按照出让合同约定，提供出让的土地；未按照出让合同约定提供出让的土地的，土地使用者有权解除合同，由土地管理部门返还土地使用权出让金，土地使用者并可以请求违约赔偿。

第十八条　土地使用者需要改变土地使用权出让合同约定的土地用途的，必须取得出让方和市、县人民政府城市规划行政主管部门的同意，签订土地使用权出让合同变更协议或者重新签订土地使用权出让合同，相应调整土地使用权出让金。

第十九条　土地使用权出让金应当全部上缴财政，列入预算，用于城市基础设施建设和土地开发。土地使用权出让金上缴和使用的具体办法由国务院规定。

第二十条　国家对土地使用者依法取得的土地使用权，在出让合同约定的使用年限届满前不收回；在特殊情况下，根据社会公共利益的需要，可以依照法律程序提前收回，并根据土地使用者使用土地的实际年限和开发土地的实际情况给予相应的补偿。

第二十一条　土地使用权因土地灭失而终止。

第二十二条　土地使用权出让合同约定的使用年限届满，土地使用者需要继续使用土地的，应当至迟于届满前一年申请续期，除根据社会公共利益需要收回该幅土地的，应当予以批准。经批准准予续期的，应当重新签订土地使用权出让合同，依照规定支付土地使用权出让金。

土地使用权出让合同约定的使用年限届满，土地使用者未申请续期或者虽申请续期但依照前款规定未获批准的，土地使用权由国家无偿收回。

第二节　土地使用权划拨

第二十三条　土地使用权划拨，是指县级以上人民政府依法批准，在土地使用者缴纳补偿、安置等费用后将该幅土地交付其使用，或者将土地使用权无偿交付给土地使用者使用的行为。

依照本法规定以划拨方式取得土地使用权的，除法律、行政法规另有规定外，没有使用期限的限制。

第二十四条　下列建设用地的土地使用权，确属必需的，可以由县级以上人民政府依法批准划拨：

（一）国家机关用地和军事用地；

（二）城市基础设施用地和公益事业用地；

（三）国家重点扶持的能源、交通、水利等项目用地；

（四）法律、行政法规规定的其他用地。

第三章　房地产开发

第二十五条　房地产开发必须严格执行城市规划，按照经济效益、社会效益、环境效益相统一的原则，实行全面规划、合理布局、综合开发、配套建设。

第二十六条　以出让方式取得土地使用权进行房地产开发的，必须按照土地使用权出让合同约定的土地用途、动工开发期限开发土地。超过出让合同约定的动工开发日期满 1 年未动工开发的，可以征收相当于土地使用权出让金 20% 以下的土地闲置费；满 2 年未动工开发的，可以无偿收回土地使用权；但是，因不可抗力或者政府、政府有关部门的行为或者动工开发必需的前期工作造成动工开发迟延的除外。

第二十七条　房地产开发项目的设计、施工，必须符合国家的有关标准和规范。

房地产开发项目竣工，经验收合格后，方可交付使用。

第二十八条　依法取得的土地使用权，可以依照本法和有关法律、行政法规的规定，作价入股，合资、合作开发经营房地产。

第二十九条　国家采取税收等方面的优惠措施鼓励和扶持房地产开发企业开发建设居民住宅。

第三十条　房地产开发企业是以营利为目的，从事房地产开发和经营的企业。设立房地产开发企业，应当具备下列条件：

（一）有自己的名称和组织机构；

（二）有固定的经营场所；

（三）有符合国务院规定的注册资本；

（四）有足够的专业技术人员；

（五）法律、行政法规规定的其他条件。

设立房地产开发企业，应当向工商行政管理部门申请设立登记。工商行政管理部门对符合本法规定条件的，应当予以登记，发给营业执照；对不符合本法规定条件的，不予登记。

设立有限责任公司、股份有限公司，从事房地产开发经营的，还应当执行公司法的有关规定。

房地产开发企业在领取营业执照后的 1 个月内，应当到登记机关所在地的县级以上地方人民政府规定的部门备案。

第三十一条 房地产开发企业的注册资本与投资总额的比例应当符合国家有关规定。

房地产开发企业分期开发房地产的，分期投资额应当与项目规模相适应，并按照土地使用权出让合同的约定，按期投入资金，用于项目建设。

第四章 房地产交易

第一节 一般规定

第三十二条 房地产转让、抵押时，房屋的所有权和该房屋占用范围内的土地使用权同时转让、抵押。

第三十三条 基准地价、标定地价和各类房屋的重置价格应当定期确定并公布。具体办法由国务院规定。

第三十四条 国家实行房地产价格评估制度。

房地产价格评估，应当遵循公正、公平、公开的原则，按照国家规定的技术标准和评估程序，以基准地价、标定地价和各类房屋的重置价格为基础，参照当地的市场价格进行评估。

第三十五条 国家实行房地产成交价格申报制度。

　　房地产权利人转让房地产，应当向县级以上地方人民政府规定的部门如实申报成交价，不得瞒报或者作不实的申报。

　　第三十六条　房地产转让、抵押，当事人应当依照本法第五章的规定办理权属登记。

第二节　房地产转让

　　第三十七条　房地产转让，是指房地产权利人通过买卖、赠与或者其他合法方式将其房地产转移给他人的行为。

　　第三十八条　下列房地产，不得转让：

　　（一）以出让方式取得土地使用权的，不符合本法第三十九条规定的条件的；

　　（二）司法机关和行政机关依法裁定、决定查封或者以其他形式限制房地产权利的；

　　（三）依法收回土地使用权的；

　　（四）共有房地产，未经其他共有人书面同意的；

　　（五）权属有争议的；

　　（六）未依法登记领取权属证书的；

　　（七）法律、行政法规规定禁止转让的其他情形。

　　第三十九条　以出让方式取得土地使用权的，转让房地产时，应当符合下列条件：

　　（一）按照出让合同约定已经支付全部土地使用权出让金，并取得土地使用权证书；

　　（二）按照出让合同约定进行投资开发，属于房屋建设工程的，完成开发投资总额的25%以上，属于成片开发土地的，形成工业用地或者其他建设用地条件。

　　转让房地产时房屋已经建成的，还应当持有房屋所有权证书。

　　第四十条　以划拨方式取得土地使用权的，转让房地产时，应当按照国务院规定，报有批准权的人民政府审批。有批准权的人民政府准予转让的，应当由受让方办理土地使用权出让手续，并依照国家有关规定缴纳土地使用权出让金。

以划拨方式取得土地使用权的，转让房地产报批时，有批准权的人民政府按照国务院规定决定可以不办理土地使用权出让手续的，转让方应当按照国务院规定将转让房地产所获收益中的土地收益上缴国家或者作其他处理。

第四十一条　房地产转让，应当签订书面转让合同，合同中应当载明土地使用权取得的方式。

第四十二条　房地产转让时，土地使用权出让合同载明的权利、义务随之转移。

第四十三条　以出让方式取得土地使用权的，转让房地产后，其土地使用权的使用年限为原土地使用权出让合同约定的使用年限减去原土地使用者已经使用年限后的剩余年限。

第四十四条　以出让方式取得土地使用权的，转让房地产后，受让人改变原土地使用权出让合同约定的土地用途的，必须取得原出让方和市、县人民政府城市规划行政主管部门的同意，签订土地使用权出让合同变更协议或者重新签订土地使用权出让合同，相应调整土地使用权出让金。

第四十五条　商品房预售，应当符合下列条件：

（一）已交付全部土地使用权出让金，取得土地使用权证书；

（二）持有建设工程规划许可证；

（三）按提供预售的商品房计算，投入开发建设的资金达到工程建设总投资的25%以上，并已经确定施工进度和竣工交付日期；

（四）向县级以上人民政府房产管理部门办理预售登记，取得商品房预售许可证明。

商品房预售人应当按照国家有关规定将预售合同报县级以上人民政府房产管理部门和土地管理部门登记备案。

商品房预售所得款项，必须用于有关的工程建设。

第四十六条 商品房预售的，商品房预购人将购买的未竣工的预售商品房再行转让的问题，由国务院规定。

第三节 房地产抵押

第四十七条 房地产抵押，是指抵押人以其合法的房地产以不转移占有的方式向抵押权人提供债务履行担保的行为。债务人不履行债务时，抵押权人有权依法以抵押的房地产拍卖所得的价款优先受偿。

第四十八条 依法取得的房屋所有权连同该房屋占用范围内的土地使用权，可以设定抵押权。

以出让方式取得的土地使用权，可以设定抵押权。

第四十九条 房地产抵押，应当凭土地使用权证书、房屋所有权证书办理。

第五十条 房地产抵押，抵押人和抵押权人应当签订书面抵押合同。

第五十一条 设定房地产抵押权的土地使用权是以划拨方式取得的，依法拍卖该房地产后，应当从拍卖所得的价款中缴纳相当于应缴纳的土地使用权出让金的款额后，抵押权人方可优先受偿。

第五十二条 房地产抵押合同签订后，土地上新增的房屋不属于抵押财产。需要拍卖该抵押的房地产时，可以依法将土地上新增的房屋与抵押财产一同拍卖，但对拍卖新增房屋所得，抵押权人无权优先受偿。

第四节　房屋租赁

第五十三条　房屋租赁，是指房屋所有权人作为出租人将其房屋出租给承租人使用，由承租人向出租人支付租金的行为。

第五十四条　房屋租赁，出租人和承租人应当签订书面租赁合同，约定租赁期限、租赁用途、租赁价格、修缮责任等条款，以及双方的其他权利和义务，并向房产管理部门登记备案。

第五十五条　住宅用房的租赁，应当执行国家和房屋所在城市人民政府规定的租赁政策。租用房屋从事生产、经营活动的，由租赁双方协商议定租金和其他租赁条款。

第五十六条　以营利为目的，房屋所有权人将以划拨方式取得使用权的国有土地上建成的房屋出租的，应当将租金中所含土地收益上缴国家。具体办法由国务院规定。

第五节　中介服务机构

第五十七条　房地产中介服务机构包括房地产咨询机构、房地产价格评估机构、房地产经纪机构等。

第五十八条　房地产中介服务机构应当具备下列条件：

（一）有自己的名称和组织机构；

（二）有固定的服务场所；

（三）有必要的财产和经费；

（四）有足够数量的专业人员；

（五）法律、行政法规规定的其他条件。

设立房地产中介服务机构，应当向工商行政管理部门申请设立登记，领取营业执照后，方可开业。

第五十九条　国家实行房地产价格评估人员资格认证制度。

第五章 房地产权属登记管理

第六十条 国家实行土地使用权和房屋所有权登记发证制度。

第六十一条 以出让或者划拨方式取得土地使用权，应当向县级以上地方人民政府土地管理部门申请登记，经县级以上地方人民政府土地管理部门核实，由同级人民政府颁发土地使用权证书。

在依法取得的房地产开发用地上建成房屋的，应当凭土地使用权证书向县级以上地方人民政府房产管理部门申请登记，由县级以上地方人民政府房产管理部门核实并颁发房屋所有权证书。

房地产转让或者变更时，应当向县级以上地方人民政府房产管理部门申请房产变更登记，并凭变更后的房屋所有权证书向同级人民政府土地管理部门申请土地使用权变更登记，经同级人民政府土地管理部门核实，由同级人民政府更换或者更改土地使用权证书。

法律另有规定的，依照有关法律的规定办理。

第六十二条 房地产抵押时，应当向县级以上地方人民政府规定的部门办理抵押登记。

因处分抵押房地产而取得土地使用权和房屋所有权的，应当依照本章规定办理过户登记。

第六十三条 经省、自治区、直辖市人民政府确定，县级以上地方人民政府由一个部门统一负责房产管理和土地管理工作的，可以制作、颁发统一的房地产权证书，依照本法第六十一条的规定，将房屋的所有权和该房屋占用范围内的土地使用权的确认和变更，分别载入房地产权证书。

第六章　法律责任

第六十四条　违反本法第十一条、第十二条的规定，擅自批准出让或者擅自出让土地使用权用于房地产开发的，由上级机关或者所在单位给予有关责任人员行政处分。

第六十五条　违反本法第三十条的规定，未取得营业执照擅自从事房地产开发业务的，由县级以上人民政府工商行政管理部门责令停止房地产开发业务活动，没收违法所得，可以并处罚款。

第六十六条　违反本法第三十九条第一款的规定转让土地使用权的，由县级以上人民政府土地管理部门没收违法所得，可以并处罚款。

第六十七条　违反本法第四十条第一款的规定转让房地产的，由县级以上人民政府土地管理部门责令缴纳土地使用权出让金，没收违法所得，可以并处罚款。

第六十八条　违反本法第四十五条第一款的规定预售商品房的，由县级以上人民政府房产管理部门责令停止预售活动，没收违法所得，可以并处罚款。

第六十九条　违反本法第五十八条的规定，未取得营业执照擅自从事房地产中介服务业务的，由县级以上人民政府工商行政管理部门责令停止房地产中介服务业务活动，没收违法所得，可以并处罚款。

第七十条　没有法律、法规的依据，向房地产开发企业收费的，上级机关应当责令退回所收取的钱款；情节严重的，由上级机关或者所在单位给予直接责任人员行政处分。

第七十一条　房产管理部门、土地管理部门工作人员玩忽职守、滥用职权，构成犯罪的，依法追究刑事责任；不构成犯罪的，给予行政处分。

房产管理部门、土地管理部门工作人员利用职务上的便利，索取他人财物，或者非法收受他人财物为他人谋取利益，构成犯罪的，依法追究刑事责任；不构成犯罪的，给予行政处分。

第七章　附　　则

第七十二条　在城市规划区外的国有土地范围内取得房地产开发用地的土地使用权，从事房地产开发、交易活动以及实施房地产管理，参照本法执行。

第七十三条　本法自 1995 年 1 月 1 日起施行。

中华人民共和国土地管理法

(1986 年 6 月 25 日第六届全国人民代表大会
常务委员会第十六次会议通过
1988 年 12 月 29 日第七届全国人民代表大会
常务委员会第五次会议第一次修正
1998 年 8 月 29 日第九届全国人民代表大会
常务委员会第四次会议修订
2004 年 8 月 28 日第十届全国人民代表大会
常务委员会第十一次会议第二次修正
2019 年 8 月 26 日第十三届全国人民代表大会
常务委员会第十二次会议第三次修正)

第一章　总　　则

第一条　为了加强土地管理，维护土地的社会主义公有制，保护、开发土地资源，合理利用土地，切实保护耕地，促进社会经济的可持续发展，根据宪法，制定本法。

第二条　中华人民共和国实行土地的社会主义公有制，即全民所有制和劳动群众集体所有制。

全民所有，即国家所有土地的所有权由国务院代表国家行使。

任何单位和个人不得侵占、买卖或者以其他形式非法转让土地。土地使用权可以依法转让。

国家为了公共利益的需要，可以依法对土地实行征收或者征用并给予补偿。

国家依法实行国有土地有偿使用制度。但是，国家在法律规定的范围内划拨国有土地使用权的除外。

第三条　十分珍惜、合理利用土地和切实保护耕地是我国的基本国策。各级人民政府应当采取措施,全面规划,严格管理,保护、开发土地资源,制止非法占用土地的行为。

第四条　国家实行土地用途管制制度。

国家编制土地利用总体规划,规定土地用途,将土地分为农用地、建设用地和未利用地。严格限制农用地转为建设用地,控制建设用地总量,对耕地实行特殊保护。

前款所称农用地是指直接用于农业生产的土地,包括耕地、林地、草地、农田水利用地、养殖水面等;建设用地是指建造建筑物、构筑物的土地,包括城乡住宅和公共设施用地、工矿用地、交通水利设施用地、旅游用地、军事设施用地等;未利用地是指农用地和建设用地以外的土地。

使用土地的单位和个人必须严格按照土地利用总体规划确定的用途使用土地。

第五条　国务院自然资源主管部门统一负责全国土地的管理和监督工作。

县级以上地方人民政府自然资源主管部门的设置及其职责,由省、自治区、直辖市人民政府根据国务院有关规定确定。

第六条　国务院授权的机构对省、自治区、直辖市人民政府以及国务院确定的城市人民政府土地利用和土地管理情况进行督察。

第七条　任何单位和个人都有遵守土地管理法律、法规的义务,并有权对违反土地管理法律、法规的行为提出检举和控告。

第八条　在保护和开发土地资源、合理利用土地以及进行有关的科学研究等方面成绩显著的单位和个人,由人民政府给予奖励。

第二章 土地的所有权和使用权

第九条 城市市区的土地属于国家所有。

农村和城市郊区的土地，除由法律规定属于国家所有的以外，属于农民集体所有；宅基地和自留地、自留山，属于农民集体所有。

第十条 国有土地和农民集体所有的土地，可以依法确定给单位或者个人使用。使用土地的单位和个人，有保护、管理和合理利用土地的义务。

第十一条 农民集体所有的土地依法属于村农民集体所有的，由村集体经济组织或者村民委员会经营、管理；已经分别属于村内两个以上农村集体经济组织的农民集体所有的，由村内各该农村集体经济组织或者村民小组经营、管理；已经属于乡（镇）农民集体所有的，由乡（镇）农村集体经济组织经营、管理。

第十二条 土地的所有权和使用权的登记，依照有关不动产登记的法律、行政法规执行。

依法登记的土地的所有权和使用权受法律保护，任何单位和个人不得侵犯。

第十三条 农民集体所有和国家所有依法由农民集体使用的耕地、林地、草地，以及其他依法用于农业的土地，采取农村集体经济组织内部的家庭承包方式承包，不宜采取家庭承包方式的荒山、荒沟、荒丘、荒滩等，可以采取招标、拍卖、公开协商等方式承包，从事种植业、林业、畜牧业、渔业生产。家庭承包的耕地的承包期为三十年，草地的承包期为三十年至五十年，林地的承包期为三十年至七十年；耕地承包期届满后再延长三十年，草地、林地承包期届满后依法相应延长。

国家所有依法用于农业的土地可以由单位或者个人承包经营，从事种植业、林业、畜牧业、渔业生产。

发包方和承包方应当依法订立承包合同，约定双方的权利和义务。承包经营土地的单位和个人，有保护和按照承包合同约定的用途合理利用土地的义务。

第十四条　土地所有权和使用权争议，由当事人协商解决；协商不成的，由人民政府处理。

单位之间的争议，由县级以上人民政府处理；个人之间、个人与单位之间的争议，由乡级人民政府或者县级以上人民政府处理。

当事人对有关人民政府的处理决定不服的，可以自接到处理决定通知之日起三十日内，向人民法院起诉。

在土地所有权和使用权争议解决前，任何一方不得改变土地利用现状。

第三章　土地利用总体规划

第十五条　各级人民政府应当依据国民经济和社会发展规划、国土整治和资源环境保护的要求、土地供给能力以及各项建设对土地的需求，组织编制土地利用总体规划。

土地利用总体规划的规划期限由国务院规定。

第十六条　下级土地利用总体规划应当依据上一级土地利用总体规划编制。

地方各级人民政府编制的土地利用总体规划中的建设用地总量不得超过上一级土地利用总体规划确定的控制指标，耕地保有量不得低于上一级土地利用总体规划确定的控制指标。

省、自治区、直辖市人民政府编制的土地利用总体规划，应当确保本行政区域内耕地总量不减少。

第十七条　土地利用总体规划按照下列原则编制：

（一）落实国土空间开发保护要求，严格土地用途管制；

（二）严格保护永久基本农田，严格控制非农业建设占用农用地；

（三）提高土地节约集约利用水平；

（四）统筹安排城乡生产、生活、生态用地，满足乡村产业和基础设施用地合理需求，促进城乡融合发展；

（五）保护和改善生态环境，保障土地的可持续利用；

（六）占用耕地与开发复垦耕地数量平衡、质量相当。

第十八条　国家建立国土空间规划体系。编制国土空间规划应当坚持生态优先，绿色、可持续发展，科学有序统筹安排生态、农业、城镇等功能空间，优化国土空间结构和布局，提升国土空间开发、保护的质量和效率。

经依法批准的国土空间规划是各类开发、保护、建设活动的基本依据。已经编制国土空间规划的，不再编制土地利用总体规划和城乡规划。

第十九条　县级土地利用总体规划应当划分土地利用区，明确土地用途。

乡（镇）土地利用总体规划应当划分土地利用区，根据土地使用条件，确定每一块土地的用途，并予以公告。

第二十条　土地利用总体规划实行分级审批。

省、自治区、直辖市的土地利用总体规划，报国务院批准。

省、自治区人民政府所在地的市、人口在一百万以上的城市以及国务院指定的城市的土地利用总体规划，经省、自治区人民政府审查同意后，报国务院批准。

本条第二款、第三款规定以外的土地利用总体规划，逐级上报省、自治区、直辖市人民政府批准；其中，乡（镇）土地利用总体规划可以由省级人民政府授权的设区的市、自治州人民政府批准。

土地利用总体规划一经批准，必须严格执行。

第二十一条　城市建设用地规模应当符合国家规定的标准，充分利用现有建设用地，不占或者尽量少占农用地。

城市总体规划、村庄和集镇规划，应当与土地利用总体规划相衔接，城市总体规划、村庄和集镇规划中建设用地规模不得超过土地利用总体规划确定的城市和村庄、集镇建设用地规模。

在城市规划区内、村庄和集镇规划区内，城市和村庄、集镇建设用地应当符合城市规划、村庄和集镇规划。

第二十二条　江河、湖泊综合治理和开发利用规划，应当与土地利用总体规划相衔接。在江河、湖泊、水库的管理和保护范围以及蓄洪滞洪区内，土地利用应当符合江河、湖泊综合治理和开发利用规划，符合河道、湖泊行洪、蓄洪和输水的要求。

第二十三条　各级人民政府应当加强土地利用计划管理，实行建设用地总量控制。

土地利用年度计划，根据国民经济和社会发展计划、国家产业政策、土地利用总体规划以及建设用地和土地利用的实际状况编制。土地利用年度计划应当对本法第六十三条规定的集体经营性建设用地作出合理安排。土地利用年度计划的编制审批程序与土地利用总体规划的编制审批程序相同，一经审批下达，必须严格执行。

第二十四条　省、自治区、直辖市人民政府应当将土地利用年度计划的执行情况列为国民经济和社会发展计划执行情况的内容，向同级人民代表大会报告。

第二十五条　经批准的土地利用总体规划的修改，须经原批准机关批准；未经批准，不得改变土地利用总体规划确定的土地用途。

经国务院批准的大型能源、交通、水利等基础设施建设用地，需要改变土地利用总体规划的，根据国务院的批准文件修改土地利用总体规划。

经省、自治区、直辖市人民政府批准的能源、交通、水利等基础设施建设用地，需要改变土地利用总体规划的，属于省级人民政府土地利用总体规划批准权限内的，根据省级人民政府的批准文件修改土地利用总体规划。

第二十六条 国家建立土地调查制度。

县级以上人民政府自然资源主管部门会同同级有关部门进行土地调查。土地所有者或者使用者应当配合调查，并提供有关资料。

第二十七条 县级以上人民政府自然资源主管部门会同同级有关部门根据土地调查成果、规划土地用途和国家制定的统一标准，评定土地等级。

第二十八条 国家建立土地统计制度。

县级以上人民政府统计机构和自然资源主管部门依法进行土地统计调查，定期发布土地统计资料。土地所有者或者使用者应当提供有关资料，不得拒报、迟报，不得提供不真实、不完整的资料。

统计机构和自然资源主管部门共同发布的土地面积统计资料是各级人民政府编制土地利用总体规划的依据。

第二十九条 国家建立全国土地管理信息系统，对土地利用状况进行动态监测。

第四章 耕地保护

第三十条 国家保护耕地，严格控制耕地转为非耕地。

国家实行占用耕地补偿制度。非农业建设经批准占用耕地的，按照"占多少，垦多少"的原则，由占用耕地的单位负责开垦与所占用耕地的数量和质量相当的耕地；没有条件开垦或者开垦的耕地不符合要求的，应当按照省、自治区、直辖市的规定缴纳耕地开垦费，专款用于开垦新的耕地。

省、自治区、直辖市人民政府应当制定开垦耕地计划，监督占用耕地的单位按照计划开垦耕地或者按照计划组织开垦耕地，并进行验收。

第三十一条　县级以上地方人民政府可以要求占用耕地的单位将所占用耕地耕作层的土壤用于新开垦耕地、劣质地或者其他耕地的土壤改良。

第三十二条　省、自治区、直辖市人民政府应当严格执行土地利用总体规划和土地利用年度计划，采取措施，确保本行政区域内耕地总量不减少、质量不降低。耕地总量减少的，由国务院责令在规定期限内组织开垦与所减少耕地的数量与质量相当的耕地；耕地质量降低的，由国务院责令在规定期限内组织整治。新开垦和整治的耕地由国务院自然资源主管部门会同农业农村主管部门验收。

个别省、直辖市确因土地后备资源匮乏，新增建设用地后，新开垦耕地的数量不足以补偿所占用耕地的数量的，必须报经国务院批准减免本行政区域内开垦耕地的数量，易地开垦数量和质量相当的耕地。

第三十三条　国家实行永久基本农田保护制度。下列耕地应当根据土地利用总体规划划为永久基本农田，实行严格保护：

（一）经国务院农业农村主管部门或者县级以上地方人民政府批准确定的粮、棉、油、糖等重要农产品生产基地内的耕地；

（二）有良好的水利与水土保持设施的耕地，正在实施改造计划以及可以改造的中、低产田和已建成的高标准农田；

（三）蔬菜生产基地；

（四）农业科研、教学试验田；

（五）国务院规定应当划为永久基本农田的其他耕地。

各省、自治区、直辖市划定的永久基本农田一般应当占本行政区域内耕地的百分之八十以上，具体比例由国务院根据各省、自治区、直辖市耕地实际情况规定。

第三十四条 永久基本农田划定以乡（镇）为单位进行，由县级人民政府自然资源主管部门会同同级农业农村主管部门组织实施。永久基本农田应当落实到地块，纳入国家永久基本农田数据库严格管理。

乡（镇）人民政府应当将永久基本农田的位置、范围向社会公告，并设立保护标志。

第三十五条 永久基本农田经依法划定后，任何单位和个人不得擅自占用或者改变其用途。国家能源、交通、水利、军事设施等重点建设项目选址确实难以避让永久基本农田，涉及农用地转用或者土地征收的，必须经国务院批准。

禁止通过擅自调整县级土地利用总体规划、乡（镇）土地利用总体规划等方式规避永久基本农田农用地转用或者土地征收的审批。

第三十六条 各级人民政府应当采取措施，引导因地制宜轮作休耕，改良土壤，提高地力，维护排灌工程设施，防止土地荒漠化、盐渍化、水土流失和土壤污染。

第三十七条 非农业建设必须节约使用土地，可以利用荒地的，不得占用耕地；可以利用劣地的，不得占用好地。

禁止占用耕地建窑、建坟或者擅自在耕地上建房、挖砂、采石、采矿、取土等。

禁止占用永久基本农田发展林果业和挖塘养鱼。

第三十八条 禁止任何单位和个人闲置、荒芜耕地。已经办理审批手续的非农业建设占用耕地，一年内不用而又可以耕种并收获的，应当由原耕种该幅耕地的集体或者个人恢复耕种，也可以由用地单位组织耕种；一年以上未动工建设的，应当按照省、自治区、直辖市的规定缴纳闲置费；连续二年未使用的，经原批准机关批准，由县级以上人民政府无偿收回用地单位的土地使用权；该幅土地原为农民集体所有的，应当交由原农村集体经济组织恢复耕种。

在城市规划区范围内，以出让方式取得土地使用权进行房地产开发的闲置土地，依照《中华人民共和国城市房地产管理法》的有关规定办理。

第三十九条　国家鼓励单位和个人按照土地利用总体规划，在保护和改善生态环境、防止水土流失和土地荒漠化的前提下，开发未利用的土地；适宜开发为农用地的，应当优先开发成农用地。

国家依法保护开发者的合法权益。

第四十条　开垦未利用的土地，必须经过科学论证和评估，在土地利用总体规划划定的可开垦的区域内，经依法批准后进行。禁止毁坏森林、草原开垦耕地，禁止围湖造田和侵占江河滩地。

根据土地利用总体规划，对破坏生态环境开垦、围垦的土地，有计划有步骤地退耕还林、还牧、还湖。

第四十一条　开发未确定使用权的国有荒山、荒地、荒滩从事种植业、林业、畜牧业、渔业生产的，经县级以上人民政府依法批准，可以确定给开发单位或者个人长期使用。

第四十二条　国家鼓励土地整理。县、乡（镇）人民政府应当组织农村集体经济组织，按照土地利用总体规划，对田、水、路、林、村综合整治，提高耕地质量，增加有效耕地面积，改善农业生产条件和生态环境。

地方各级人民政府应当采取措施，改造中、低产田，整治闲散地和废弃地。

第四十三条 因挖损、塌陷、压占等造成土地破坏，用地单位和个人应当按照国家有关规定负责复垦；没有条件复垦或者复垦不符合要求的，应当缴纳土地复垦费，专项用于土地复垦。复垦的土地应当优先用于农业。

第五章 建设用地

第四十四条 建设占用土地，涉及农用地转为建设用地的，应当办理农用地转用审批手续。

永久基本农田转为建设用地的，由国务院批准。

在土地利用总体规划确定的城市和村庄、集镇建设用地规模范围内，为实施该规划而将永久基本农田以外的农用地转为建设用地的，按土地利用年度计划分批次按照国务院规定由原批准土地利用总体规划的机关或者其授权的机关批准。在已批准的农用地转用范围内，具体建设项目用地可以由市、县人民政府批准。

在土地利用总体规划确定的城市和村庄、集镇建设用地规模范围外，将永久基本农田以外的农用地转为建设用地的，由国务院或者国务院授权的省、自治区、直辖市人民政府批准。

第四十五条 为了公共利益的需要，有下列情形之一，确需征收农民集体所有的土地的，可以依法实施征收：

（一）军事和外交需要用地的；

（二）由政府组织实施的能源、交通、水利、通信、邮政等基础设施建设需要用地的；

（三）由政府组织实施的科技、教育、文化、卫生、体育、生态环境和资源保护、防灾减灾、文物保护、社区综合服务、社会福利、市政公用、优抚安置、英烈保护等公共事业需要用地的；

（四）由政府组织实施的扶贫搬迁、保障性安居工程建设需要用地的；

（五）在土地利用总体规划确定的城镇建设用地范围内，经省级以上人民政府批准由县级以上地方人民政府组织实施的成片开发建设需要用地的；

（六）法律规定为公共利益需要可以征收农民集体所有的土地的其他情形。

前款规定的建设活动，应当符合国民经济和社会发展规划、土地利用总体规划、城乡规划和专项规划；第（四）项、第（五）项规定的建设活动，还应当纳入国民经济和社会发展年度计划；第（五）项规定的成片开发并应当符合国务院自然资源主管部门规定的标准。

第四十六条　征收下列土地的，由国务院批准：

（一）永久基本农田；

（二）永久基本农田以外的耕地超过三十五公顷的；

（三）其他土地超过七十公顷的。

征收前款规定以外的土地的，由省、自治区、直辖市人民政府批准。

征收农用地的，应当依照本法第四十四条的规定先行办理农用地转用审批。其中，经国务院批准农用地转用的，同时办理征地审批手续，不再另行办理征地审批；经省、自治区、直辖市人民政府在征地批准权限内批准农用地转用的，同时办理征地审批手续，不再另行办理征地审批，超过征地批准权限的，应当依照本条第一款的规定另行办理征地审批。

第四十七条　国家征收土地的，依照法定程序批准后，由县级以上地方人民政府予以公告并组织实施。

县级以上地方人民政府拟申请征收土地的，应当开展拟征收土地现状调查和社会稳定风险评估，并将征收范围、土地现状、征收目的、补偿标准、安置方式和社会保障等在拟征收土地所在的乡（镇）和村、村民小组范围内公告至少三十日，听取被征地的农村集体经济组织及其成员、村民委员会和其他利害关系人的意见。

多数被征地的农村集体经济组织成员认为征地补偿安置方案不符合法律、法规规定的，县级以上地方人民政府应当组织召开听证会，并根据法律、法规的规定和听证会情况修改方案。

拟征收土地的所有权人、使用权人应当在公告规定期限内，持不动产权属证明材料办理补偿登记。县级以上地方人民政府应当组织有关部门测算并落实有关费用，保证足额到位，与拟征收土地的所有权人、使用权人就补偿、安置等签订协议；个别确实难以达成协议的，应当在申请征收土地时如实说明。

相关前期工作完成后，县级以上地方人民政府方可申请征收土地。

第四十八条 征收土地应当给予公平、合理的补偿，保障被征地农民原有生活水平不降低、长远生计有保障。

征收土地应当依法及时足额支付土地补偿费、安置补助费以及农村村民住宅、其他地上附着物和青苗等的补偿费用，并安排被征地农民的社会保障费用。

征收农用地的土地补偿费、安置补助费标准由省、自治区、直辖市通过制定公布区片综合地价确定。制定区片综合地价应当综合考虑土地原用途、土地资源条件、土地产值、土地区位、土地供求关系、人口以及经济社会发展水平等因素，并至少每三年调整或者重新公布一次。

征收农用地以外的其他土地、地上附着物和青苗等的补偿标准，由省、自治区、直辖市制定。对其中的农村村民住宅，应当按照先补偿后搬迁、居住条件有改善的原则，尊重农村村民意愿，采取重新安排宅基地建房、提供安置房或者货币补偿等方式给予公平、合理的补偿，并对因征收造成的搬迁、临时安置等费用予以补偿，保障农村村民居住的权利和合法的住房财产权益。

县级以上地方人民政府应当将被征地农民纳入相应的养老等社会保障体系。被征地农民的社会保障费用主要用于符合条件的被征地农民的养老保险等社会保险缴费补贴。被征地农民社会保障费用的筹集、管理和使用办法，由省、自治区、直辖市制定。

第四十九条 被征地的农村集体经济组织应当将征收土地的补偿费用的收支状况向本集体经济组织的成员公布，接受监督。

禁止侵占、挪用被征收土地单位的征地补偿费用和其他有关费用。

第五十条 地方各级人民政府应当支持被征地的农村集体经济组织和农民从事开发经营，兴办企业。

第五十一条 大中型水利、水电工程建设征收土地的补偿费标准和移民安置办法，由国务院另行规定。

第五十二条 建设项目可行性研究论证时，自然资源主管部门可以根据土地利用总体规划、土地利用年度计划和建设用地标准，对建设用地有关事项进行审查，并提出意见。

第五十三条 经批准的建设项目需要使用国有建设用地的，建设单位应当持法律、行政法规规定的有关文件，向有批准权的县级以上人民政府自然资源主管部门提出建设用地申请，经自然资源主管部门审查，报本级人民政府批准。

第五十四条 建设单位使用国有土地，应当以出让等有偿使用方式取得；但是，下列建设用地，经县级以上人民政府依法批准，可以以划拨方式取得：

（一）国家机关用地和军事用地；

（二）城市基础设施用地和公益事业用地；

（三）国家重点扶持的能源、交通、水利等基础设施用地；

（四）法律、行政法规规定的其他用地。

第五十五条 以出让等有偿使用方式取得国有土地使用权的

建设单位，按照国务院规定的标准和办法，缴纳土地使用权出让金等土地有偿使用费和其他费用后，方可使用土地。

自本法施行之日起，新增建设用地的土地有偿使用费，百分之三十上缴中央财政，百分之七十留给有关地方人民政府。具体使用管理办法由国务院财政部门会同有关部门制定，并报国务院批准。

第五十六条 建设单位使用国有土地的，应当按照土地使用权出让等有偿使用合同的约定或者土地使用权划拨批准文件的规定使用土地；确需改变该幅土地建设用途的，应当经有关人民政府自然资源主管部门同意，报原批准用地的人民政府批准。其中，在城市规划区内改变土地用途的，在报批前，应当先经有关城市规划行政主管部门同意。

第五十七条 建设项目施工和地质勘查需要临时使用国有土地或者农民集体所有的土地的，由县级以上人民政府自然资源主管部门批准。其中，在城市规划区内的临时用地，在报批前，应当先经有关城市规划行政主管部门同意。土地使用者应当根据土地权属，与有关自然资源主管部门或者农村集体经济组织、村民委员会签订临时使用土地合同，并按照合同的约定支付临时使用土地补偿费。

临时使用土地的使用者应当按照临时使用土地合同约定的用途使用土地，并不得修建永久性建筑物。

临时使用土地期限一般不超过二年。

第五十八条 有下列情形之一的，由有关人民政府自然资源主管部门报经原批准用地的人民政府或者有批准权的人民政府批准，可以收回国有土地使用权：

（一）为实施城市规划进行旧城区改建以及其他公共利益需要，确需使用土地的；

（二）土地出让等有偿使用合同约定的使用期限届满，土地使用者未申请续期或者申请续期未获批准的；

（三）因单位撤销、迁移等原因，停止使用原划拨的国有土地的；

（四）公路、铁路、机场、矿场等经核准报废的。

依照前款第（一）项的规定收回国有土地使用权的，对土地使用权人应当给予适当补偿。

第五十九条　乡镇企业、乡（镇）村公共设施、公益事业、农村村民住宅等乡（镇）村建设，应当按照村庄和集镇规划，合理布局，综合开发，配套建设；建设用地，应当符合乡（镇）土地利用总体规划和土地利用年度计划，并依照本法第四十四条、第六十条、第六十一条、第六十二条的规定办理审批手续。

第六十条　农村集体经济组织使用乡（镇）土地利用总体规划确定的建设用地兴办企业或者与其他单位、个人以土地使用权入股、联营等形式共同举办企业的，应当持有关批准文件，向县级以上地方人民政府自然资源主管部门提出申请，按照省、自治区、直辖市规定的批准权限，由县级以上地方人民政府批准；其中，涉及占用农用地的，依照本法第四十四条的规定办理审批手续。

按照前款规定兴办企业的建设用地，必须严格控制。省、自治区、直辖市可以按照乡镇企业的不同行业和经营规模，分别规定用地标准。

第六十一条　乡（镇）村公共设施、公益事业建设，需要使用土地的，经乡（镇）人民政府审核，向县级以上地方人民政府自然资源主管部门提出申请，按照省、自治区、直辖市规定的批准权限，由县级以上地方人民政府批准；其中，涉及占用农用地的，依照本法第四十四条的规定办理审批手续。

第六十二条　农村村民一户只能拥有一处宅基地，其宅基地的面积不得超过省、自治区、直辖市规定的标准。

人均土地少、不能保障一户拥有一处宅基地的地区，县级人民政府在充分尊重农村村民意愿的基础上，可以采取措施，按照省、自治区、直辖市规定的标准保障农村村民实现户有所居。

农村村民建住宅，应当符合乡（镇）土地利用总体规划、村庄规划，不得占用永久基本农田，并尽量使用原有的宅基地和村内空闲地。编制乡（镇）土地利用总体规划、村庄规划应当统筹并合理安排宅基地用地，改善农村村民居住环境和条件。

农村村民住宅用地，由乡（镇）人民政府审核批准；其中，涉及占用农用地的，依照本法第四十四条的规定办理审批手续。

农村村民出卖、出租、赠与住宅后，再申请宅基地的，不予批准。

国家允许进城落户的农村村民依法自愿有偿退出宅基地，鼓励农村集体经济组织及其成员盘活利用闲置宅基地和闲置住宅。

国务院农业农村主管部门负责全国农村宅基地改革和管理有关工作。

第六十三条　土地利用总体规划、城乡规划确定为工业、商业等经营性用途，并经依法登记的集体经营性建设用地，土地所有权人可以通过出让、出租等方式交由单位或者个人使用，并应当签订书面合同，载明土地界址、面积、动工期限、使用期限、土地用途、规划条件和双方其他权利义务。

前款规定的集体经营性建设用地出让、出租等，应当经本集体经济组织成员的村民会议三分之二以上成员或者三分之二以上村民代表的同意。

通过出让等方式取得的集体经营性建设用地使用权可以转让、互换、出资、赠与或者抵押，但法律、行政法规另有规定或者土地所有权人、土地使用权人签订的书面合同另有约定的除外。

集体经营性建设用地的出租，集体建设用地使用权的出让及其最高年限、转让、互换、出资、赠与、抵押等，参照同类用途的国有建设用地执行。具体办法由国务院制定。

第六十四条　集体建设用地的使用者应当严格按照土地利用总体规划、城乡规划确定的用途使用土地。

第六十五条　在土地利用总体规划制定前已建的不符合土地利用总体规划确定的用途的建筑物、构筑物，不得重建、扩建。

第六十六条　有下列情形之一的，农村集体经济组织报经原批准用地的人民政府批准，可以收回土地使用权：

（一）为乡（镇）村公共设施和公益事业建设，需要使用土地的；

（二）不按照批准的用途使用土地的；

（三）因撤销、迁移等原因而停止使用土地的。

依照前款第（一）项规定收回农民集体所有的土地的，对土地使用权人应当给予适当补偿。

收回集体经营性建设用地使用权，依照双方签订的书面合同办理，法律、行政法规另有规定的除外。

第六章　监督检查

第六十七条　县级以上人民政府自然资源主管部门对违反土地管理法律、法规的行为进行监督检查。

县级以上人民政府农业农村主管部门对违反农村宅基地管理法律、法规的行为进行监督检查的，适用本法关于自然资源主管部门监督检查的规定。

土地管理监督检查人员应当熟悉土地管理法律、法规，忠于职守、秉公执法。

第六十八条　县级以上人民政府自然资源主管部门履行监督检查职责时，有权采取下列措施：

（一）要求被检查的单位或者个人提供有关土地权利的文件和资料，进行查阅或者予以复制；

（二）要求被检查的单位或者个人就有关土地权利的问题作出说明；

（三）进入被检查单位或者个人非法占用的土地现场进行勘测；

（四）责令非法占用土地的单位或者个人停止违反土地管理法律、法规的行为。

第六十九条 土地管理监督检查人员履行职责，需要进入现场进行勘测、要求有关单位或者个人提供文件、资料和作出说明的，应当出示土地管理监督检查证件。

第七十条 有关单位和个人对县级以上人民政府自然资源主管部门就土地违法行为进行的监督检查应当支持与配合，并提供工作方便，不得拒绝与阻碍土地管理监督检查人员依法执行职务。

第七十一条 县级以上人民政府自然资源主管部门在监督检查工作中发现国家工作人员的违法行为，依法应当给予处分的，应当依法予以处理；自己无权处理的，应当依法移送监察机关或者有关机关处理。

第七十二条 县级以上人民政府自然资源主管部门在监督检查工作中发现土地违法行为构成犯罪的，应当将案件移送有关机关，依法追究刑事责任；尚不构成犯罪的，应当依法给予行政处罚。

第七十三条 依照本法规定应当给予行政处罚，而有关自然资源主管部门不给予行政处罚的，上级人民政府自然资源主管部门有权责令有关自然资源主管部门作出行政处罚决定或者直接给予行政处罚，并给予有关自然资源主管部门的负责人处分。

第七章　法律责任

第七十四条　买卖或者以其他形式非法转让土地的，由县级以上人民政府自然资源主管部门没收违法所得；对违反土地利用总体规划擅自将农用地改为建设用地的，限期拆除在非法转让的土地上新建的建筑物和其他设施，恢复土地原状，对符合土地利用总体规划的，没收在非法转让的土地上新建的建筑物和其他设施；可以并处罚款；对直接负责的主管人员和其他直接责任人员，依法给予处分；构成犯罪的，依法追究刑事责任。

第七十五条　违反本法规定，占用耕地建窑、建坟或者擅自在耕地上建房、挖砂、采石、采矿、取土等，破坏种植条件的，或者因开发土地造成土地荒漠化、盐渍化的，由县级以上人民政府自然资源主管部门、农业农村主管部门等按照职责责令限期改正或者治理，可以并处罚款；构成犯罪的，依法追究刑事责任。

第七十六条　违反本法规定，拒不履行土地复垦义务的，由县级以上人民政府自然资源主管部门责令限期改正；逾期不改正的，责令缴纳复垦费，专项用于土地复垦，可以处以罚款。

第七十七条　未经批准或者采取欺骗手段骗取批准，非法占用土地的，由县级以上人民政府自然资源主管部门责令退还非法占用的土地，对违反土地利用总体规划擅自将农用地改为建设用地的，限期拆除在非法占用的土地上新建的建筑物和其他设施，恢复土地原状，对符合土地利用总体规划的，没收在非法占用的土地上新建的建筑物和其他设施，可以并处罚款；对非法占用土地单位的直接负责的主管人员和其他直接责任人员，依法给予处分；构成犯罪的，依法追究刑事责任。

超过批准的数量占用土地，多占的土地以非法占用土地论处。

第七十八条　农村村民未经批准或者采取欺骗手段骗取批准，非法占用土地建住宅的，由县级以上人民政府农业农村主管部门责令退还非法占用的土地，限期拆除在非法占用的土地上新建的房屋。

超过省、自治区、直辖市规定的标准，多占的土地以非法占用土地论处。

第七十九条　无权批准征收、使用土地的单位或者个人非法批准占用土地的，超越批准权限非法批准占用土地的，不按照土地利用总体规划确定的用途批准用地的，或者违反法律规定的程序批准占用、征收土地的，其批准文件无效，对非法批准征收、使用土地的直接负责的主管人员和其他直接责任人员，依法给予处分；构成犯罪的，依法追究刑事责任。非法批准、使用的土地应当收回，有关当事人拒不归还的，以非法占用土地论处。

非法批准征收、使用土地，对当事人造成损失的，依法应当承担赔偿责任。

第八十条　侵占、挪用被征收土地单位的征地补偿费用和其他有关费用，构成犯罪的，依法追究刑事责任；尚不构成犯罪的，依法给予处分。

第八十一条　依法收回国有土地使用权当事人拒不交出土地的，临时使用土地期满拒不归还的，或者不按照批准的用途使用国有土地的，由县级以上人民政府自然资源主管部门责令交还土地，处以罚款。

第八十二条　擅自将农民集体所有的土地通过出让、转让使用权或者出租等方式用于非农业建设，或者违反本法规定，将集体经营性建设用地通过出让、出租等方式交由单位或者个人使用的，由县级以上人民政府自然资源主管部门责令限期改正，没收违法所得，并处罚款。

第八十三条　依照本法规定，责令限期拆除在非法占用的土地上新建的建筑物和其他设施的，建设单位或者个人必须立即停止施工，自行拆除；对继续施工的，作出处罚决定的机关有权制止。建设单位或者个人对责令限期拆除的行政处罚决定不服的，可以在接到责令限期拆除决定之日起十五日内，向人民法院起诉；期满不起诉又不自行拆除的，由作出处罚决定的机关依法申请人民法院强制执行，费用由违法者承担。

第八十四条　自然资源主管部门、农业农村主管部门的工作人员玩忽职守、滥用职权、徇私舞弊，构成犯罪的，依法追究刑事责任；尚不构成犯罪的，依法给予处分。

第八章　附　　则

第八十五条　外商投资企业使用土地的，适用本法；法律另有规定的，从其规定。

第八十六条　在根据本法第十八条的规定编制国土空间规划前，经依法批准的土地利用总体规划和城乡规划继续执行。

第八十七条　本法自 1999 年 1 月 1 日起施行。

城市绿线管理办法

（中华人民共和国建设部令第 112 号）

第一条　为建立并严格实行城市绿线管理制度，加强城市生态环境建设，创造良好的人居环境，促进城市可持续发展，根据《中华人民共和国城乡规划法》、《城市绿化条例》等法律法规，制定本办法。

第二条　本办法所称城市绿线，是指城市各类绿地范围的控制线。

本办法所称城市，是指国家按行政建制设立的直辖市、市、镇。

第三条　城市绿线的划定和监督管理，适用本办法。

第四条　国务院建设行政主管部门负责全国城市绿线管理工作。

省、自治区人民政府建设行政主管部门负责本行政区域内的城市绿线管理工作。

城市人民政府规划、园林绿化行政主管部门，按照职责分工负责城市绿线的监督和管理工作。

第五条　城市规划、园林绿化等行政主管部门应当密切合作，组织编制城市绿地系统规划。

城市绿地系统规划是城市总体规划的组成部分，应当确定城市绿化目标和布局，规定城市各类绿地的控制原则，按照规定标准确定绿化用地面积，分层次合理布局公共绿地，确定防护绿地、大型公共绿地等的绿线。

第六条　控制性详细规划应当提出不同类型用地的界线、规定绿化率控制指标和绿化用地界线的具体坐标。

第七条   修建性详细规划应当根据控制性详细规划，明确绿地布局，提出绿化配置的原则或者方案，划定绿地界线。

第八条   城市绿线的审批、调整，按照《中华人民共和国城乡规划法》、《城市绿化条例》的规定进行。

第九条   批准的城市绿线要向社会公布，接受公众监督。

任何单位和个人都有保护城市绿地、服从城市绿线管理的义务，有监督城市绿线管理、对违反城市绿线管理行为进行检举的权利。

第十条   城市绿线范围内的公共绿地、防护绿地、生产绿地、居住区绿地、单位附属绿地、道路绿地、风景林地等，必须按照《城市用地分类与规划建设用地标准》、《公园设计规范》等标准，进行绿地建设。

第十一条   城市绿线内的用地，不得改作他用，不得违反法律法规、强制性标准以及批准的规划进行开发建设。

有关部门不得违反规定，批准在城市绿线范围内进行建设。

因建设或者其他特殊情况，需要临时占用城市绿线内用地的，必须依法办理相关审批手续。

在城市绿线范围内，不符合规划要求的建筑物、构筑物及其他设施应当限期迁出。

第十二条   任何单位和个人不得在城市绿地范围内进行拦河截溪、取土采石、设置垃圾堆场、排放污水以及其他对生态环境构成破坏的活动。

近期不进行绿化建设的规划绿地范围内的建设活动，应当进行生态环境影响分析，并按照《中华人民共和国城乡规划法》的规定，予以严格控制。

第十三条   居住区绿化、单位绿化及各类建设项目的配套绿化都要达到《城市绿化规划建设指标的规定》的标准。

各类建设工程要与其配套的绿化工程同步设计，同步施工，同步验收。达不到规定标准的，不得投入使用。

第十四条 城市人民政府规划、园林绿化行政主管部门按照职责分工，对城市绿线的控制和实施情况进行检查，并向同级人民政府和上级行政主管部门报告。

第十五条 省、自治区人民政府建设行政主管部门应当定期对本行政区域内城市绿线的管理情况进行监督检查，对违法行为，及时纠正。

第十六条 违反本办法规定，擅自改变城市绿线内土地用途、占用或者破坏城市绿地的，由城市规划、园林绿化行政主管部门，按照《中华人民共和国城乡规划法》、《城市绿化条例》的有关规定处罚。

第十七条 违反本办法规定，在城市绿地范围内进行拦河截溪、取土采石、设置垃圾堆场、排放污水以及其他对城市生态环境造成破坏活动的，由城市园林绿化行政主管部门责令改正，并处一万元以上三万元以下的罚款。

第十八条 违反本办法规定，在已经划定的城市绿线范围内违反规定审批建设项目的，对有关责任人员由有关机关给予行政处分；构成犯罪的，依法追究刑事责任。

第十九条 城镇体系规划所确定的，城市规划区外防护绿地、绿化隔离带等的绿线划定、监督和管理，参照本办法执行。

第二十条 本办法自 2002 年 11 月 1 日起施行。

城市黄线管理办法

（中华人民共和国建设部令第 144 号）

第一条　为了加强城市基础设施用地管理，保障城市基础设施的正常、高效运转，保证城市经济、社会健康发展，根据《中华人民共和国城乡规划法》，制定本办法。

第二条　城市黄线的划定和规划管理，适用本办法。

本办法所称城市黄线，是指对城市发展全局有影响的、城市规划中确定的、必须控制的城市基础设施用地的控制界线。

本办法所称城市基础设施包括：

（一）城市公共汽车首末站、出租汽车停车场、大型公共停车场；城市轨道交通线、站、场、车辆段、保养维修基地；城市水运码头；机场；城市交通综合换乘枢纽；城市交通广场等城市公共交通设施。

（二）取水工程设施（取水点、取水构筑物及一级泵站）和水处理工程设施等城市供水设施。

（三）排水设施；污水处理设施；垃圾转运站、垃圾码头、垃圾堆肥厂、垃圾焚烧厂、卫生填埋场（厂）；环境卫生车辆停车场和修造厂；环境质量监测站等城市环境卫生设施。

（四）城市气源和燃气储配站等城市供燃气设施。

（五）城市热源、区域性热力站、热力线走廊等城市供热设施。

（六）城市发电厂、区域变电所（站）、市区变电所（站）、高压线走廊等城市供电设施。

（七）邮政局、邮政通信枢纽、邮政支局；电信局、电信支局；卫星接收站、微波站；广播电台、电视台等城市通信设施。

（八）消防指挥调度中心、消防站等城市消防设施。

（九）防洪堤墙、排洪沟与截洪沟、防洪闸等城市防洪设施。

（十）避震疏散场地、气象预警中心等城市抗震防灾设施。

（十一）其他对城市发展全局有影响的城市基础设施。

第三条 国务院建设主管部门负责全国城市黄线管理工作。

县级以上地方人民政府建设主管部门（城乡规划主管部门）负责本行政区域内城市黄线的规划管理工作。

第四条 任何单位和个人都有保护城市基础设施用地、服从城市黄线管理的义务，有监督城市黄线管理、对违反城市黄线管理的行为进行检举的权利。

第五条 城市黄线应当在制定城市总体规划和详细规划时划定。

直辖市、市、县人民政府建设主管部门（城乡规划主管部门）应当根据不同规划阶段的规划深度要求，负责组织划定城市黄线的具体工作。

第六条 城市黄线的划定，应当遵循以下原则：

（一）与同阶段城市规划内容及深度保持一致；

（二）控制范围界定清晰；

（三）符合国家有关技术标准、规范。

第七条 编制城市总体规划，应当根据规划内容和深度要求，合理布置城市基础设施，确定城市基础设施的用地位置和范围，划定其用地控制界线。

第八条 编制控制性详细规划，应当依据城市总体规划，落实城市总体规划确定的城市基础设施的用地位置和面积，划定城市基础设施用地界线，规定城市黄线范围内的控制指标和要求，并明确城市黄线的地理坐标。

修建性详细规划应当依据控制性详细规划，按不同项目具体落实城市基础设施用地界线，提出城市基础设施用地配置原则或者方案，并标明城市黄线的地理坐标和相应的界址地形图。

第九条　城市黄线应当作为城市规划的强制性内容，与城市规划一并报批。城市黄线上报审批前，应当进行技术经济论证，并征求有关部门意见。

第十条　城市黄线经批准后，应当与城市规划一并由直辖市、市、县人民政府予以公布；但法律、法规规定不得公开的除外。

第十一条　城市黄线一经批准，不得擅自调整。

因城市发展和城市功能、布局变化等，需要调整城市黄线的，应当组织专家论证，依法调整城市规划，并相应调整城市黄线。调整后的城市黄线，应当随调整后的城市规划一并报批。

调整后的城市黄线应当在报批前进行公示，但法律、法规规定不得公开的除外。

第十二条　在城市黄线内进行建设活动，应当贯彻安全、高效、经济的方针，处理好近远期关系，根据城市发展的实际需要，分期有序实施。

第十三条　在城市黄线范围内禁止进行下列活动：

（一）违反城市规划要求，进行建筑物、构筑物及其他设施的建设；

（二）违反国家有关技术标准和规范进行建设；

（三）未经批准，改装、迁移或拆毁原有城市基础设施；

（四）其他损坏城市基础设施或影响城市基础设施安全和正常运转的行为。

第十四条　在城市黄线内进行建设，应当符合经批准的城市规划。

在城市黄线内新建、改建、扩建各类建筑物、构筑物、道路、管线和其他工程设施，应当依法向建设主管部门（城乡规划主管部门）申请办理城市规划许可，并依据有关法律、法规办理相关手续。

迁移、拆除城市黄线内城市基础设施的，应当依据有关法律、法规办理相关手续。

第十五条 因建设或其他特殊情况需要临时占用城市黄线内土地的，应当依法办理相关审批手续。

第十六条 县级以上地方人民政府建设主管部门（城乡规划主管部门）应当定期对城市黄线管理情况进行监督检查。

第十七条 违反本办法规定，有下列行为之一的，依据《中华人民共和国城乡规划法》等法律、法规予以处罚：

（一）未经直辖市、市、县人民政府建设主管部门（城乡规划主管部门）批准在城市黄线范围内进行建设活动的；

（二）擅自改变城市黄线内土地用途的；

（三）未按规划许可的要求进行建设的。

第十八条 县级以上地方人民政府建设主管部门（城乡规划主管部门）违反本办法规定，批准在城市黄线范围内进行建设的，对有关责任人员依法给予处分；构成犯罪的，依法追究刑事责任。

第十九条 本办法自 2006 年 3 月 1 日起施行。

城市紫线管理办法

（中华人民共和国建设部令第119号）

第一条 为了加强对城市历史文化街区和历史建筑的保护，根据《中华人民共和国城乡规划法》、《中华人民共和国文物保护法》和国务院有关规定，制定本办法。

第二条 本办法所称城市紫线，是指国家历史文化名城内的历史文化街区和省、自治区、直辖市人民政府公布的历史文化街区的保护范围界线，以及历史文化街区外经县级以上人民政府公布保护的历史建筑的保护范围界线。本办法所称紫线管理是划定城市紫线和对城市紫线范围内的建设活动实施监督、管理。

第三条 在编制城市规划时应当划定保护历史文化街区和历史建筑的紫线。国家历史文化名城的城市紫线由城市人民政府在组织编制历史文化名城保护规划时划定。其他城市的城市紫线由城市人民政府在组织编制城市总体规划时划定。

第四条 国务院建设行政主管部门负责全国城市紫线管理工作。

省、自治区人民政府建设行政主管部门负责本行政区域内的城市紫线管理工作。

市、县人民政府城乡规划行政主管部门负责本行政区域内的城市紫线管理工作。

第五条 任何单位和个人都有权了解历史文化街区和历史建筑的紫线范围及其保护规划，对规划的制定和实施管理提出意见，对破坏保护规划的行为进行检举。

第六条 划定保护历史文化街区和历史建筑的紫线应当遵循下列原则：

（一）历史文化街区的保护范围应当包括历史建筑物、构筑物和其风貌环境所组成的核心地段，以及为确保该地段的风貌、特色完整性而必须进行建设控制的地区。

（二）历史建筑的保护范围应当包括历史建筑本身和必要的风貌协调区。

（三）控制范围清晰，附有明确的地理坐标及相应的界址地形图。

城市紫线范围内文物保护单位保护范围的划定，依据国家有关文物保护的法律、法规。

第七条 编制历史文化名城和历史文化街区保护规划，应当包括征求公众意见的程序。审查历史文化名城和历史文化街区保护规划，应当组织专家进行充分论证，并作为法定审批程序的组成部分。

市、县人民政府批准保护规划前，必须报经上一级人民政府主管部门审查同意。

第八条 历史文化名城和历史文化街区保护规划一经批准，原则上不得调整。因改善和加强保护工作的需要，确需调整的，由所在城市人民政府提出专题报告，经省、自治区、直辖市人民政府城乡规划行政主管部门审查同意后，方可组织编制调整方案。

调整后的保护规划在审批前，应当将规划方案公示，并组织专家论证。审批后应当报历史文化名城批准机关备案，其中国家历史文化名城报国务院建设行政主管部门备案。

第九条 市、县人民政府应当在批准历史文化街区保护规划后的一个月内，将保护规划报省、自治区人民政府建设行政主管部门备案。其中国家历史文化名城内的历史文化街区保护规划还应当报国务院建设行政主管部门备案。

第十条 历史文化名城、历史文化街区和历史建筑保护规划一经批准，有关市、县人民政府城乡规划行政主管部门必须向社会公布，接受公众监督。

第十一条　历史文化街区和历史建筑已经破坏，不再具有保护价值的，有关市、县人民政府应当向所在省、自治区、直辖市人民政府提出专题报告，经批准后方可撤销相关的城市紫线。

撤销国家历史文化名城中的城市紫线，应当经国务院建设行政主管部门批准。

第十二条　历史文化街区内的各项建设必须坚持保护真实的历史文化遗存，维护街区传统格局和风貌，改善基础设施、提高环境质量的原则。历史建筑的维修和整治必须保持原有外形和风貌，保护范围内的各项建设不得影响历史建筑风貌的展示。

市、县人民政府应当依据保护规划，对历史文化街区进行整治和更新，以改善人居环境为前提，加强基础设施、公共设施的改造和建设。

第十三条　在城市紫线范围内禁止进行下列活动：

（一）违反保护规划的大面积拆除、开发；

（二）对历史文化街区传统格局和风貌构成影响的大面积改建；

（三）损坏或者拆毁保护规划确定保护的建筑物、构筑物和其他设施；

（四）修建破坏历史文化街区传统风貌的建筑物、构筑物和其他设施；

（五）占用或者破坏保护规划确定保留的园林绿地、河湖水系、道路和古树名木等；

（六）其他对历史文化街区和历史建筑的保护构成破坏性影响的活动。

第十四条　在城市紫线范围内确定各类建设项目，必须先由市、县人民政府城乡规划行政主管部门依据保护规划进行审查，组织专家论证并进行公示后核发选址意见书。

第十五条 在城市紫线范围内进行新建或者改建各类建筑物、构筑物和其他设施，对规划确定保护的建筑物、构筑物和其他设施进行修缮和维修以及改变建筑物、构筑物的使用性质，应当依照相关法律、法规的规定，办理相关手续后方可进行。

第十六条 城市紫线范围内各类建设的规划审批，实行备案制度。

省、自治区、直辖市人民政府公布的历史文化街区，报省、自治区人民政府建设行政主管部门或者直辖市人民政府城乡规划行政主管部门备案。其中国家历史文化名城内的历史文化街区报国务院建设行政主管部门备案。

第十七条 在城市紫线范围内进行建设活动，涉及文物保护单位的，应当符合国家有关文物保护的法律、法规的规定。

第十八条 省、自治区建设行政主管部门和直辖市城乡规划行政主管部门，应当定期对保护规划执行情况进行检查监督，并向国务院建设行政主管部门提出报告。

对于监督中发现的擅自调整和改变城市紫线，擅自调整和违反保护规划的行政行为，或者由于人为原因，导致历史文化街区和历史建筑遭受局部破坏的，监督机关可以提出纠正决定，督促执行。

第十九条 国务院建设行政主管部门，省、自治区人民政府建设行政主管部门和直辖市人民政府城乡规划行政主管部门根据需要可以向有关城市派出规划监督员，对城市紫线的执行情况进行监督。

规划监督员行使下述职能：

（一）参与保护规划的专家论证，就保护规划方案的科学合理性向派出机关报告；

（二）参与城市紫线范围内建设项目立项的专家论证，了解公示情况，可以对建设项目的可行性提出意见，并向派出机关报告；

（三）对城市紫线范围内各项建设审批的可行性提出意见，并向派出机关报告；

（四）接受公众的投诉，进行调查，向有关行政主管部门提出处理建议，并向派出机关报告。

第二十条　违反本办法规定，未经市、县人民政府城乡规划行政主管部门批准，在城市紫线范围内进行建设活动的，由市、县人民政府城乡规划行政主管部门按照《中华人民共和国城乡规划法》等法律、法规的规定处罚。

第二十一条　违反本办法规定，擅自在城市紫线范围内审批建设项目和批准建设的，对有关责任人员给予行政处分；构成犯罪的，依法追究刑事责任。

第二十二条　本办法自 2004 年 2 月 1 日起施行。

城市蓝线管理办法

（中华人民共和国建设部令第 145 号）

第一条 为了加强对城市水系的保护与管理，保障城市供水、防洪防涝和通航安全，改善城市人居生态环境，提升城市功能，促进城市健康、协调和可持续发展，根据《中华人民共和国城乡规划法》、《中华人民共和国水法》，制定本办法。

第二条 本办法所称城市蓝线，是指城市规划确定的江、河、湖、库、渠和湿地等城市地表水体保护和控制的地域界线。

城市蓝线的划定和管理，应当遵守本办法。

第三条 国务院建设主管部门负责全国城市蓝线管理工作。

县级以上地方人民政府建设主管部门（城乡规划主管部门）负责本行政区域内的城市蓝线管理工作。

第四条 任何单位和个人都有服从城市蓝线管理的义务，有监督城市蓝线管理、对违反城市蓝线管理行为进行检举的权利。

第五条 编制各类城市规划，应当划定城市蓝线。

城市蓝线由直辖市、市、县人民政府在组织编制各类城市规划时划定。

城市蓝线应当与城市规划一并报批。

第六条 划定城市蓝线，应当遵循以下原则：

（一）统筹考虑城市水系的整体性、协调性、安全性和功能性，改善城市生态和人居环境，保障城市水系安全；

（二）与同阶段城市规划的深度保持一致；

（三）控制范围界定清晰；

（四）符合法律、法规的规定和国家有关技术标准、规范的要求。

第七条　在城市总体规划阶段，应当确定城市规划区范围内需要保护和控制的主要地表水体，划定城市蓝线，并明确城市蓝线保护和控制的要求。

第八条　在控制性详细规划阶段，应当依据城市总体规划划定的城市蓝线，规定城市蓝线范围内的保护要求和控制指标，并附有明确的城市蓝线坐标和相应的界址地形图。

第九条　城市蓝线一经批准，不得擅自调整。

因城市发展和城市布局结构变化等原因，确实需要调整城市蓝线的，应当依法调整城市规划，并相应调整城市蓝线。调整后的城市蓝线，应当随调整后的城市规划一并报批。

调整后的城市蓝线应当在报批前进行公示，但法律、法规规定不得公开的除外。

第十条　在城市蓝线内禁止进行下列活动：

（一）违反城市蓝线保护和控制要求的建设活动；

（二）擅自填埋、占用城市蓝线内水域；

（三）影响水系安全的爆破、采石、取土；

（四）擅自建设各类排污设施；

（五）其他对城市水系保护构成破坏的活动。

第十一条　在城市蓝线内进行各项建设，必须符合经批准的城市规划。

在城市蓝线内新建、改建、扩建各类建筑物、构筑物、道路、管线和其他工程设施，应当依法向建设主管部门（城乡规划主管部门）申请办理城市规划许可，并依照有关法律、法规办理相关手续。

第十二条　需要临时占用城市蓝线内的用地或水域的，应当报经直辖市、市、县人民政府建设主管部门（城乡规划主管部门）同意，并依法办理相关审批手续；临时占用后，应当限期恢复。

第十三条　县级以上地方人民政府建设主管部门（城乡规划主管部门）应当定期对城市蓝线管理情况进行监督检查。

第十四条　违反本办法规定，在城市蓝线范围内进行各类建设活动的，按照《中华人民共和国城乡规划法》等有关法律、法规的规定处罚。

第十五条　县级以上地方人民政府建设主管部门（城乡规划主管部门）违反本办法规定，批准在城市蓝线范围内进行建设的，对有关责任人员依法给予处分；构成犯罪的，依法追究刑事责任。

第十六条　本办法自 2006 年 3 月 1 日起施行。

附录3 规范性文件

国务院关于加强城乡规划监督管理的通知

（国发［2002］13号）

各省、自治区、直辖市人民政府，国务院各部委、各直属机构：

改革开放以来，我国城乡建设发展很快，城乡面貌发生显著变化。但近年来，在城市规划和建设中出现了一些不容忽视的问题，一些地方不顾当地经济发展水平和实际需要，盲目扩大城市建设规模；在城市建设中互相攀比，急功近利，贪大求洋，搞脱离实际、劳民伤财的所谓"形象工程"、"政绩工程"；对历史文化名城和风景名胜区重开发、轻保护；在建设管理方面违反城乡规划管理有关规定，擅自批准开发建设等。这些问题严重影响了城乡建设的健康发展。城乡规划和建设是社会主义现代化建设的重要组成部分，关系到国民经济持续快速健康发展的全局。为进一步强化城乡规划对城乡建设的引导和调控作用，健全城乡规划建设的监督管理制度，促进城乡建设健康有序发展，现就有关问题通知如下：

一、端正城乡建设指导思想，明确城乡建设和发展重点

城乡规划建设是一项长期而艰巨的任务，各地一定要认真贯彻江泽民同志"三个代表"重要思想，坚持以经济建设为中心，坚持为最广大人民群众服务，实施可持续发展战略；要实事求是，讲求实效，量力而行，逐步推进。

当前城市建设的重点，是面向中低收入家庭的住房建设、危旧房改造和城市生活污水、垃圾处理等必要的市政基础设施建设以及文化设施建设，改善人居环境，完善城市综合服务功能。要充分考虑财力、物力的可能，从不同地区的经济、社会发展水平和资源、环境、文化条件出发，确定合理的建设规模和发展速度，提高城乡建设投资的社会效益。要坚持走内涵与外延相结合、以内涵为主的发展道路，严格控制土地供应总量，优化用地结构和城市布局，促进经济结构的合理调整，注重保护并改善生态环境和人文环境。

发展小城镇，首先要做好规划，要以现有布局为基础，重点发展县城和规模较大的建制镇，防止遍地开花。地方各级人民政府要积极支持与小城镇发展密切相关的区域基础设施建设，为小城镇发展创造良好的区域条件和投资环境。

二、大力加强对城乡规划的综合调控

城乡规划是政府指导、调控城乡建设和发展的基本手段。各类专门性规划必须服从城乡规划的统一要求，体现城乡规划的基本原则。区域重大基础设施建设，必须符合省域城镇体系规划确定的布局和原则。市一级规划的行政管理权不得下放，擅自下放的要立即纠正。行政区划调整的城市，应当及时修编城市总体规

划和近期建设规划。

城市规划由城市人民政府统一组织实施。在城市规划和建设中，要坚持建设项目选址意见审查制度。各类重大项目的选址，都必须依据经批准的省域城镇体系规划和城市总体规划。因特殊情况，选址与省域城镇体系规划和城市总体规划不一致的，必须经专门论证；如论证后认为确需按所选地址建设的，必须先按法定程序调整规划，并将建设项目纳入规划中，一并报规划原批准机关审定。要严格控制设立各类开发区以及大学城、科技园、度假区等，城市规划区及其边缘地带的各类开发区以及大学城、科技园、度假区等的规划建设，必须纳入城市的统一规划和管理。要发挥规划对资源，特别是对水资源、土地资源的配置作用，注意对环境和生态的保护。建设部、国土资源部等有关部门，要按照《中共中央关于做好农户承包地使用权流转工作的通知》（中发〔2001〕18 号）精神，研究制定加强城乡结合部规划建设和土地管理的具体政策措施。

三、严格控制建设项目的建设规模和占地规模

各地区在当前城市规划和建设中，要严格依照城市总体规划，确定具体的建设项目。要严格控制建设项目规模，坚决纠正贪大浮夸、盲目扩大城市占地规模和建设规模，特别是占用基本农田的不良倾向。特别要严格控制超高层建筑、超大广场和别墅等建设项目，不得超过规定标准建设办公楼。各级政府在审批城乡规划时，以及各级计划部门在审批建设项目时，要严格掌握尺度。凡拖欠公务员、教师、离退休人员工资，不能及时发放最低生活保障金的城市，不得用财政资金新上脱离实际的各类楼堂馆所和不求效益的基础设施项目。

城市规划区内的建设项目，都必须严格执行《中华人民共和国城市规划法》*。各项建设的用地必须控制在国家批准的用地标准和年度土地利用计划的范围内。凡不符合上述要求的近期建设规划，必须重新修订。城市建设项目报计划部门审批前，必须首先由规划部门就项目选址提出审查意见；没有规划部门的"建设用地规划许可证"，土地部门不得提供土地；没有规划部门的"建设工程规划许可证"，有关商业银行不得提供建设资金贷款。

四、严格执行城乡规划和风景名胜区规划编制和调整程序

地方各级人民政府必须加强对各类规划制定的组织和领导，按照政务公开、民主决策的原则，履行组织编制城乡规划和风景名胜规划的职能。规划方案应通过媒体广泛征求专家和群众意见。规划审批前，必须组织论证。审批城乡规划，必须严格执行有关法律、法规规定的程序。

总体规划和详细规划，必须明确规定强制性内容。任何单位和个人都不得擅自调整已批准的城市总体规划和详细规划的强制性内容。确需调整的，必须先对原规划的实施情况进行总结，就调整的必要性进行论证，并提出专题报告，经上级政府认定后方可编制调整方案；调整后的总体规划和详细规划，必须按照规定的程序重新审批。调整规划的非强制性内容，应当由规划编制单位对规划的实施情况进行总结，提出调整的技术依据，并报规划原审批机关备案。

各地要高度重视历史文化名城保护工作，抓紧编制保护规划，划定历史文化保护区界线，明确保护规则，并纳入城市总体规划。历史文化保护区要依据总体规划确定的保护原则制定控制性详细规划。城市建设必须与历史文化名城的整体风貌相协调。在历史文化保护区范围内严禁随意拆建，不得破坏原有的风貌和

---

* 已废止，《中华人民共和国城乡规划法》自 2008 年 1 月 1 日起施行。

环境，各项建设必须充分论证，并报历史文化名城审批机关备案。

风景名胜资源是不可再生的国家资源，严禁以任何名义和方式出让或变相出让风景名胜区资源及其景区土地，也不得在风景名胜区内设立各类开发区、度假区等。要按照"严格保护、统一管理、合理开发、永续利用"的原则，认真组织编制风景名胜区规划，并严格按规划实施。规划未经批准的，一律不得进行各类项目建设。在各级风景名胜区内应严格限制建设各类建筑物、构筑物。确需建设保护性基础设施的，必须依据风景名胜区规划编制专门的建设方案，组织论证，进行环境影响评价，并严格依据法定程序审批。要正确处理风景名胜资源保护与开发利用的关系，切实解决当前存在的破坏性开发建设等问题。

五、健全机构，加强培训，明确责任

各级人民政府要健全城乡规划管理机构，把城乡规划编制和管理经费纳入公共财政预算，切实予以保证。设区城市的市辖区原则上不设区级规划管理机构，如确有必要，可由市级规划部门在市辖区设置派出机构。

要加强城乡规划知识培训工作，重点是教育广大干部特别是领导干部要增强城市规划意识，依法行政。全国设市城市市长和分管城市建设工作的副市长，都应当分期、分批参加中组部、建设部和中国科协举办的市长研究班、专题班。未参加过培训的市长要优先安排。各省（区、市）也应当建立相应的培训制度，各级城乡规划行政主管部门的领导更要加强学习，不断更新城乡规划业务知识，提高管理水平。

城乡规划工作是各级人民政府的重要职责。市长、县长要对城乡规划的实施负行政领导责任。各地区、各部门都要维护城乡规划的严肃性，严格执行已经批准的城乡规划和风景名胜区规划。对于地方人民政府及有关行政主管部门违反规定调整规划、违反规划批准使用土地和项目建设的行政行为，除应予以纠正外，还应按照干部管理权限和有关规定对直接责任人给予行政处分。对于造成严重损失和不良影响的，除追究直接责任人责任外，还应追究有关领导的责任，必要时可给予负有责任的主管领导撤职以下行政处分；触犯刑律的，依法移交司法机关查处。城乡规划行政主管部门工作人员受到降级以上处分者和触犯刑律者，不得再从事城乡规划行政管理工作，其中已取得城市规划师执业资格者，取消其注册城市规划师执业资格。对因地方人民政府有关部门违法行政行为而给建设单位（业主）和个人造成损失的，地方人民政府要依法承担赔偿责任。

对建设单位、个人未取得建设用地规划许可证、建设工程规划许可证进行用地和项目建设，以及擅自改变规划用地性质、建设项目或扩大建设规模的，城市规划行政主管部门要采取措施坚决制止，并依法给予处罚；触犯刑律的，依法移交司法机关查处。

六、加强城乡规划管理监督检查

要加强和完善城乡规划的法制建设，建立和完善城乡规划管理监督制度，形成完善的行政检查、行政纠正和行政责任追究机制，强化对城乡规划实施情况的督查工作。

建设部要对国务院审批的城市总体规划、国家重点风景名胜区总体规划的实施情况进行经常性的监督检查，要会同国家文物局对国家历史文化名城保护规划实施情况进行监督检查；对检查中发现的问题要及时纠正，对有关责任人要追究行政责任，并向国务院报告。要抓紧建立全国城乡规划和风景名胜区规划管理动态信息系统，采用现代技术手段，加强对全国城乡规划建设情况的动态监测。

各省（区、市）人民政府也要采取相应措施，对本行政区域内的城乡规划实施情况进行严格监督。地方各级人民政府都要采取切实有效的措施，充实监督检查力量，强化城乡规划行政主管部门的监督检查职能，支持规划管理部门依法行政。要建立规划公示制度，经法定程序批准的总体规划和详细规划要依法向社会公布。城市人民政府应当每年向同级人民代表大会或其常务委员会报告城乡规划实施情况。要加强社会监督和舆论监督，建立违法案件举报制度，充分发挥宣传舆论工具的作用，增强全民的参与意识和监督意识。

近期，建设部会同监察部、国土资源部等有关部门，组织联合检查组，对地方的城乡规划和风景名胜区规划检查工作情况进行监督。对严重违反城乡规划、破坏环境、铺张浪费和弄虚作假的，要公开曝光。对规划管理混乱、自然和历史文化遗产破坏严重的历史文化名城和风景名胜区，要给予公开警告直至取消相应名称。各省（区、市）人民政府要按照本通知要求，对本行政区域内城乡规划和风景名胜区规划执行情况进行一次全面检查。对发现的问题，要依法处理。检查工作要在 2002 年 10 月底之前完成，并将检查结果及查处情况向国务院报告。

中华人民共和国国务院
二〇〇二年五月十五日

关于贯彻落实《国务院关于加强城乡规划监督管理的通知》的通知

(建规〔2002〕204号)

各省、自治区、直辖市建设厅、规划委(局)、园林局、编委办公室、计委、财政厅(局)、监察厅(局)、国土资源厅(局)、文化厅(局)、旅游局、文物局:

《国务院关于加强城乡规划监督管理的通知》(国发〔2002〕13号,以下简称《通知》),对城乡规划建设工作提出了明确要求,各地区、各有关部门必须从实践"三个代表"重要思想的高度,认真贯彻落实《通知》精神,切实端正城乡规划建设指导思想,充分发挥城乡规划的综合调控作用,促进城乡经济社会的健康发展。各省(区)建设行政主管部门、城市规划行政主管部门(以下统称城乡规划部门)和城市园林行政主管部门要会同有关部门,把贯彻落实《通知》和《国务院办公厅关于加强和改进城乡规划工作的通知》(国办发〔2000〕25号)(以下简称国办发〔2000〕25号文件)精神作为当前和今后一段时期的重要工作抓紧抓好。现就有关问题通知如下:

一、抓紧编制和调整近期建设规划

近期建设规划是实施城市总体规划的近期安排,是近期建设项目安排的依据。各地要对照《通知》要求,依据批准的城市总体规划、国民经济和社会发展五年计划纲要,考虑本地区资源、环境和财力条件,对总体规划实施情况进行检查,调整或编制到2005年的近期建设规划,要与五年计划纲要起止年限相适应。合理确定近期城市重点发展区域和用地布局,重点加强生态环境建设,安排城市基础设施、公共服务设施、经济适用房、危旧房改造的用地，制定保障实施的相关措施。近期建设规划应注意与土地利用总体规划相衔接，严格控制占地规模，不得占用基本农田。各项建设用地必须控制在国家批准的用地标准和年度土地利用计划的范围内，严禁安排国家明令禁止项目的用地。自2003年7月1日起，凡未按要求编制和调整近期建设规划的，停止新申请建设项目的选址，项目不符合近期建设规划要求的，城乡规划部门不得核发选址意见书，计划部门不得批准建设项目建议书，国土资源行政主管部门不得受理建设用地申请。

近期建设规划应当先组织专家进行充分论证，征求同级人民代表大会常务委员会意见，由地方人民政府批准，报上级政府的城乡规划部门备案，国务院审批总体规划的城市，报建设部备案。

二、明确城乡规划强制性内容

强制性内容涉及区域协调发展、资源利用、环境保护、风景名胜资源保护、自然与文化遗产保护、公众利益和公共安全等方面，是正确处理好城市可持续发展的重要保证。城镇体系规划、城市总体规划已经批准的，要补充完善强制性内容。新编制的规划，特别是详细规划和近期建设规划，必须明确强制性内容。规划确定的强制性内容要向社会公布。

省域城镇体系规划中的强制性内容包括：城市发展用地规模与布局；区域重大基础设施布局；需要严格保护的区域和控制开发的区域及控制指标；毗邻城市的城市取水口、污水排放口的位置和控制范围；区域性公共设施的布局。

城市总体规划中的强制性内容包括：铁路、港口、机场等基础设施的位置；城市建设用地范围和用地布局；城市绿地系统、河湖水系，城市水厂规模和布局及水源保护区范围，城市污水处理厂规模和布局，城市的高压线走廊、微波通道和收发信区保护范围，城市主、次干道的道路走向和宽度，公共交通枢纽和大型社会停车场用地布局，科技、文化、教育、卫生等公共服务设施的布局，历史文化名城格局与风貌保护、建筑高度等控制指标，历史文化保护区和文物保护单位以及重要的地下文物埋藏区的具体位置、界线和保护准则，城市防洪标准、防洪堤走向，防震疏散、救援通道和场地，消防站布局，重要人防设施布局，地质灾害防护等。

详细规划中的强制性内容包括：规划地段各个地块的土地使用性质、建设量控制指标、允许建设高度，绿地范围，停车设施、公共服务设施和基础设施的具体位置，历史文化保护区内及涉及文物保护单位附近建、构筑物控制指标，基础设施和公共服务设施建设的具体要求。

规划的强制性内容不得随意调整，变更规划的强制性内容，组织论证，必须就调整的必要性提出专题报告，进行公示，经上级政府认定后方可组织和调整方案，重新按规定程序审批。调整方案批准后应报上级城乡规划部门备案。

三、严格建设项目选址与用地的审批程序

各类重大建设项目，必须符合土地利用总体规划、省域城镇体系规划和城市总体规划。尚未完成省域城镇体系规划编制的各省、自治区，要按照国办发〔2000〕25号文件要求，在今年年底前完成编制省域城镇体系规划。因特殊情况，选址与省域城镇体系规划和城市总体规划不一致的，必须经专门论证；如论证后认为确需按所选地址建设的，必须先按法定程序调整规划，并将建设项目纳入规划中，一并报规划原批准机关审定。

依据省域城镇体系规划对区域重大基础设施和区域性重大项目选址，由项目所在地的市、县人民政府城乡规划部门提出审查意见，报省、自治区、直辖市及计划单列市人民政府城乡规划部

门核发建设项目选址意见书，其中国家批准的项目应报建设部备案。涉及世界文化遗产、文物保护单位和地下文物埋藏区的项目，经相应的文物行政主管部门会审同意。对于不符合规划要求的，建设部要予以纠正。在项目可行性报告中，必须附有城乡规划部门核发的选址意见书。计划部门批准建设项目，建设地址必须符合选址意见书。不得以政府文件、会议纪要等形式取代选址程序。各省、自治区、直辖市城乡规划部门会同计划等部门要依照国办发［2000］25 号文件和建设部、国家计委《建设项目选址规划管理办法》（建规［1991］583 号），制定各类重大项目选址审查管理规定。

各地区、各部门要严格执行《土地管理法》规定的建设项目用地预审制度。建设项目可行性研究阶段，建设单位应当依法向有关政府国土资源行政主管部门提出建设项目用地预审申请。凡未依法进行建设项目用地预审或未通过预审的，有关部门不得批准建设项目可行性研究报告，国土资源行政主管部门不得受理用地申请。

四、认真做好历史文化名城保护工作

历史文化名城保护规划是城市总体规划的重要组成部分。各地城乡规划部门要会同文物行政主管部门制定历史文化名城保护规划和历史文化保护区规划。历史文化名城保护规划要确定名城保护的总体目标和名城保护重点，划定历史文化保护区、文物保护单位和重要的地下文物埋藏区的范围、建设控制地区，提出规划分期实施和管理的措施。历史文化保护区保护规划应当明确保护原则，规定保护区内建、构筑物的高度、地下深度、体量、外观形象等控制指标，制定保护和整治措施。尚未完成历史文化名城和历史文化保护区保护规划编制的，必须在今年年底前完成。

各地要按照文化遗产保护优先的原则，切实做好城市文化遗

产的保护工作。历史文化保护区保护规划一经批准，应当报同级
人民代表大会常务委员会备案。在历史文化保护区内建设活动，
必须就其必要性进行论证；其中拆除旧建筑和建设新建筑的，应
当进行公示，听取公众意见，按程序审批，批准后报历史文化名
城批准机关备案。

五、加强风景名胜区的规划监督管理

风景名胜资源归国家所有，各级政府及其管理机构要严格履
行管理职责。建设部和省级城乡规划部门、直辖市园林部门应当
加强对风景名胜资源保护管理的监督。风景名胜区应当设立管理
机构，在所属人民政府的领导下主持风景名胜区的管理工作。设
在风景名胜区内的所有单位，除各自业务受上级主管部门领导
外，都必须服从管理机构对风景名胜区的统一规划和管理。不得
将景区规划管理和监督的职责交由企业承担。

要加快风景名胜区规划的编制工作。国家重点风景名胜区尚
未完成规划编制的，要按国办〔2000〕25号文件的规定在今年
底前完成编制；1990年底以前编制的，要组织重新修编；今年
国务院公布的第四批国家重点风景名胜区，要在2003年6月底
前编制完成总体规划。省市级风景名胜区的规划编制工作也要抓
紧进行。风景名胜区规划中要划定核心保护区（包括生态保护
区、自然景观保护区和史迹保护区）保护范围，制定专项保护
规划，确定保护重点和保护措施。核心保护区内严格禁止与资源
保护无关的各种工程建设。风景名胜区规划与当地土地利用总体
规划应协调一致。风景名胜区规划未经批准的，一律不得进行工
程建设。

严格控制风景名胜区建设项目。要按照经批准的风景名胜区
总体规划、建设项目规划和近期建设详细规划要求确定各类设施
的选址和规模。符合规划要求的建设项目，要按照规定的批准权

限审批。国家重点风景名胜区内的重大建设项目规划由省级城乡规划部门审查，报建设部审批，凡涉及文物保护单位的，应按《文物保护法》规定的程序报批。总体规划中未明确的重大建设项目，确需建设的，必须调整规划，按规定程序报批。对未经批准擅自新开工建设的项目要责令停工并依法拆除。

各地要对风景名胜区内的设施进行全面检查，对不符合总体规划、未按规定程序报批的项目，要登记造册，做出计划，限期拆除。省级城乡规划部门要于年底前将清理检查结果报建设部。

六、提高镇规划建设管理水平

做好规划是镇发展的基本条件。镇的规划要符合城镇体系布局，规划建设指标必须符合国家规定，防止套用大城市的规划方法和标准。严禁高能耗、高污染企业向镇转移，各镇不得为国家明确强制退出和限制建设的各类企业安排用地。严格规划审批管理制度，重点镇的规划要逐步实行省级备案核准制度。重点镇要着重建设好基础设施，特别是供水、排水和道路，营造好的人居环境。要高度重视移民建镇的建设。对受资源环境限制和确定退耕还林、退耕还湖需要搬迁的村镇，要认真选择安置地点，不断完善功能，切实改善移民的生活条件，确保农民的利益。要建立和完善规划实施的监督机制。较大公共设施项目必须符合规划，严格建设项目审批程序。乡镇政府投资建设项目应当公示资金来源，严肃查处不切实际的"形象工程"。要严格按规划管理公路两侧的房屋建设，特别是商业服务用房建设。要分类指导不同地区、不同类型镇的建设，抓好试点及示范。要建立健全规划管理机制，配备合格人员。规划编制和管理所需经费按照现行财政体制划分，由地方财政统筹安排。

七、切实加强城乡结合部规划管理

城乡结合部是指规划确定为建设用地，国有土地和集体所有用地混杂地区；以及规划确定为农业用地，在国有建设用地包含之中的地区。要依据土地利用总体规划和城市总体规划编制城乡结合部详细规划和近期建设规划，复核审定各地块的性质和使用条件。着重解决好集体土地使用权随意流转、使用性质任意变更以及管理权限不清、建设混乱等突出问题，尽快改变城乡结合部建设布局混乱，土地利用效率低，基础设施严重短缺，环境恶化的状况。城乡规划部门和国土资源行政主管部门要对城乡结合部规划建设和土地利用实施有效的监督管理，重点查处未经规划许可或违反规划许可条件进行建设的行为。防止以土地流转为名擅自改变用途。各地要对本地区城乡结合部土地使用权流转和规划建设情况进行全面清查，总结经验，研究制定对策和措施。建设部和国土资源都要依照国务院《通知》的要求，研究加强城乡结合部规划建设和土地管理的政策措施，切实做好城乡结合部管理工作。

八、加强规划集中统一管理

各地要根据《通知》规定，健全、规范城乡规划管理机构。设区城市的市辖区原则上不设区级规划管理机构，如确有必要，可由设区的市规划部门在市辖区设置派出机构。城市各类开发区以及大学城、科技园、度假区的规划等必须符合城镇体系规划和城市总体规划，由市城乡规划部门统一管理。市一级规划的行政管理权擅自下放的要立即纠正。省级城乡规划部门要会同有关部门对市、县行使规划管理权限的情况进行检查，对未按要求纠正的要进行督办，并向省级人民政府、建设部和中央有关部门报告。

城市规划区与风景名胜区重叠地区，风景名胜区规划与城市总体规划必须相一致。各项建设项目的审批，必须符合风景名胜区和城市总体规划管理的有关规定，征求城市园林部门意见，由城乡规划部门会同有关部门统一管理。其他风景名胜区，由省（区）城乡规划部门、直辖市园林行政主管部门与所在市人民政府确定的派出机构，并会同相关业务部门，统一规划管理。

九、建立健全规划实施的监督机制

城乡规划管理应当受同级人大、上级城乡规划部门的监督，以及公众和新闻舆论的监督。城乡规划实施情况每年应当向同级人民代表大会常务委员会报告。下级城乡规划部门应当就城乡规划的实施情况和管理工作，向上级城乡规划部门提出报告。城乡规划部门要将批准的城乡规划、各类建设项目以及重大案件的处理结果及时向社会公布，应当逐步将旧城改造等建设项目规划审批结果向社会公布，批准开发企业建设住宅项目规划必须向社会公布。国家级和省级风景名胜区规划实施情况，依据管理权限，应当每年向建设部和省（区）城乡规划部门提出报告。城乡规划部门、城市园林部门可以聘请监督人员，及时发现违反城乡规划和风景名胜区规划的情况，并设立举报电话和电子信箱等，受理社会公众对违法建设案件的举报。

对城乡规划监督的重点是：规划强制性内容的执行，调整规划的程序，重大建设项目选址，近期建设规划的制定和实施，历史文化名城保护规划和风景名胜区规划的执行，历史文化保护区和风景名胜区范围内的建设，各类违法建设行为的查处情况。

加快建立全国城乡规划和风景名胜区规划管理动态信息系统。建设部应在2003年年底前实现对直辖市、省会城市等大城市、国家重点风景名胜区特别是其核心景区的各类开发活动和规划实施情况的动态监测。省（区）城乡规划部门、直辖市园林部门也要建立相应的动态管理信息系统。

十、规范城乡规划管理的行政行为

各级城乡规划部门、城市园林部门的机构设置要适应依法行政、统一管理和强化监督的需要。领导干部应当有相应管理经历，工作人员要具备专业职称、职业条件。要健全各项规章制度，建立严格的岗位责任制，强化对行政行为的监督。规划管理机构不健全、不能有效履行管理和监督职能的，应当尽快整改。要切实保障城乡规划和风景名胜区规划编制和管理的资金，城乡规划部门、城市园林部门要将组织编制和管理的经费，纳入年度财政预算。财政部门应加强对经费使用的监督管理。

各级地方人民政府及其城乡规划部门、城市园林部门要严格执行《城市规划法》、《文物保护法》、《环境保护法》、《土地管理法》及《风景名胜区管理暂行条例》等法律法规*，认真遵守经过审批具有法律效力的各项规划，确保规划依法实施。各级城乡规划部门要提高工作效率，明确建设项目规划审批规则和审批时限，加强建设项目规划审批后的监督管理，及时查处违法建设的行为。要进一步严格规章制度，城乡规划和风景名胜区规划编制、调整、审批的程序、权限、责任和时限，对涉及规划强制性内容执行、建设项目"一书两证"核发、违法建设查处等关键环节，要做出明确具体的规定。要建章立制，强化对行政行为的监督，切实规范和约束城乡规划部门和工作人员的行政行为。

要建立有效的监督制约工作机制，规划的编制与实施管理应当分开。规划的编制和调整，应由具有国家规定的规划设计资质

---

　*《城市规划法》已失效，《中华人民共和国城乡规划法》自 2008 年 1 月 1 日起施行。《风景名胜区管理暂行条例》已失效，《风景名胜区条例》自 2006 年 12 月 1 日起施行。

的单位承担，管理部门不再直接编制和调整规划。规划设计单位要严格执行国家规定的标准规范，不得迎合业主不符合标准规范的要求。改变规划管理部门既编制、调整又组织实施规划，纠正规划管理权缺乏监督制约，自由裁量权过大的状况。

十一、建立行政纠正和行政责任追究制度

对城乡规划管理中违反法定程序和技术规范审批规划，违反规划批准建设，违反近期建设规划批准建设，违反省域城镇体系规划和城市总体规划批准重大项目选址、违反法定程序调整规划强制性内容批准建设、违反历史文化名城保护规划、违反风景名胜区规划和违反文物保护规划批准建设等行为，上级城乡规划部门和城市园林部门要及时责成责任部门纠正；对于造成后果的，应当依法追究直接责任人和主管领导的责任；对于造成严重影响和重大损失的，还要追究主要领导的责任。触犯刑律的，要移交司法机关依法查处。

城乡规划部门、城市园林部门对违反城乡规划和风景名胜区规划案件要及时查处，对违法建设不依法查处的，要追究责任。上级部门要对下级部门违法案件的查处情况进行监督，督促其限期处理，并报告结果。对不履行规定审批程序的，默许违法建设行为的，以及对下级部门监管不力的，也要追究相应的责任。

十二、提高人员素质和规划管理水平

各级城乡规划部门、城市园林部门要加强队伍建设，提高队伍素质。要建立健全培训制度，加强职位教育和岗位培训，要不断更新业务知识，切实提高管理水平。建设部将按照国务院的要求，组织编写城乡规划、历史文化名城保护、风景名胜区保护等教材，提供市长、城乡规划和风景名胜区管理机构等领导干部培训使用，以及安排好课程教育。国家重点风景名胜区的主要管理

人员，都应当参加建设部与有关部门组织的培训班，掌握必要的专业知识。各省、自治区、直辖市也要建立相应的培训制度，城乡规划部门、城市园林部门应当会同有关部门组织好对所辖县级市的市长，以及县长、乡镇长的培训。要大力做好宣传工作，充分发挥电视、广播、报刊等新闻媒体的作用，向社会各界普及规划建设知识，增强全民的参与意识和监督意识。

各地要尽快结合本地的实际情况，研究制定贯彻落实《通知》的意见和具体措施，针对存在问题，组织检查和整改。要将贯彻落实的工作分解到各职能部门，提出具体要求，规定时间进度，明确检查计划，要精心组织，保证检查和整改的落实。建设部会同国家计委、监察部、国土资源部、国家文物局等部门对各地贯彻落实情况进行监督和指导，并将于今年三季度末进行重点检查，向国务院做出专题报告。

中华人民共和国建设部

中央机构编制委员会办公室

中华人民共和国国家发展计划委员会

中华人民共和国财政部

中华人民共和国监察部

中华人民共和国国土资源部

中华人民共和国文化部

中华人民共和国国家旅游局

国家文物局

二〇〇二年八月二日

国务院办公厅转发建设部关于加强
城市总体规划工作意见的通知

（国办发［2006］12号）

各省、自治区、直辖市人民政府，国务院各部委、各直属机构：

建设部《关于加强城市总体规划工作的意见》已经国务院同意，现转发给你们，请认真贯彻执行。

国务院办公厅

二〇〇六年二月二十三日

关于加强城市总体规划工作的意见
（建设部）

城市总体规划是引导和调控城市建设，保护和管理城市空间资源的重要依据和手段，在指导城市有序发展、提高建设和管理水平等方面发挥着重要作用。回顾20世纪90年代各地制定的关于《城市规划法》的地方法规，不少仍停留在对法律规定的基本原则的重复上，这种状况很难适应体现和发挥地方法规本应有的地位与作用、保证《城乡规划法》全面贯彻落实的要求。因此，各省、自治区、直辖市的城乡规划主管部门，有起草地方法规权的各省会城市、较大的市的城乡规划主管部门，都充分认识到了制定与《城乡规划法》配套地方法规工作的迫切性和必要性，大力推进了这项工作的进展。为适应经济社会发展的新形势，进一步明确城市总体规划工作的指导思想，规范规划编制、审查和监督管理，增强城市总体规划的科学性、严肃性和权威性，促进城市健康发展，现提出以下意见：

一、进一步明确指导思想

以"三个代表"重要思想和科学发展观统领城市总体规划工作，按照构建社会主义和谐社会的要求，正确处理好局部与整体、近期与长远、经济建设与社会发展、城市建设与环境保护之间的关系，推动城市发展模式从粗放型向集约型转变，切实防止利用规划修编盲目扩大城市规模、圈占土地，搞不切实际的"形象工程"和"政绩工程"。要充分考虑国民经济和社会发展规划的要求，根据人口、资源情况和环境承载能力，合理确定城市规模和性质。要坚持统筹城乡发展，增强城市辐射功能，提高服务农村的水平。要统筹城乡环境保护工作，进一步改善城市大气和水资源环境，加强对城乡结合部及城市周边地区的污染控制，严防污染由城市向农村转移。要坚持以人为本，高度重视人居环境规划设计，体现城市特色，改善人民群众居住和生活条件。要把节地、节水、节能、节材和资源综合利用的要求落实到城市总体规划工作的各个环节，把防范和抵御各种灾害的措施落到实处，促进经济、社会与环境全面协调可持续发展。

二、科学有序地开展规划修编前期工作

（一）发挥城镇体系规划的指导作用。要抓紧做好省域城镇体系规划的编制、报批工作。省域城镇体系规划已经审批的地区，城市总体规划修编要按照城镇体系规划确定的原则，结合人口、资源情况和环境承载能力，对城市的性质、功能和规模作出准确定位，统筹安排对城市发展有重大影响的基础设施和重大建设项目，促进城市产业结构和布局的合理调整。

（二）总结现行规划实施情况。要总结现行城市总体规划各项调控内容，包括城市发展方向和空间布局、人口与建设用地规

模、生态环境保护目标等的落实情况。通过认真分析评价现行规划实施情况，总结成功经验，查找主要问题，提出解决方案，改进下一期规划的编制和实施工作，提高城市总体规划工作水平。

（三）深入开展专项政策研究。要积极开展对人口、土地、水资源、能源和环境等城市发展基本要素的专项政策研究工作。通过研究论证城市人口、资源和环境承载能力，为规划修编提供科学依据。要按照有关规定，在开展土地利用总体规划修编前期工作的同时，同步开展城市总体规划修编前期研究工作。要按照有关法律法规和标准规范的要求，综合考虑城市发展现状、趋势，科学确定城市建设用地规模、能源消耗与各项环境指标。要认真研究城镇人口集聚机制、市域城乡人口分布和结构变化，以及流动人口的特点和发展趋势，结合资源和环境等制约条件，科学预测城市人口发展规模。

三、进一步改进规划修编和审查工作

（一）严格执行规划修编和调整程序。组织修编城市总体规划，必须严格按照规定的条件和程序，经规划审查机关认定后方可开展；未经认定，擅自组织修编城市总体规划的，要追究组织单位和编制单位的责任。城市总体规划的调整必须依法进行。其中涉及调整规划强制性内容的，必须就调整的必要性组织专家论证，将论证结果进行公示，提出专题报告，经上级城市规划行政主管部门认定后方可开展；调整后的城市总体规划要按规定程序报批或备案。

（二）切实转变规划修编方式。要按照"政府组织、专家领衔、部门合作、公众参与、科学决策"的要求，进一步转变城市总体规划修编方式，推进科学民主决策。要重视发挥专家作用，加强对规划论证、评审等环节的技术把关。对涉及城市发展目标与空间布局、资源与环境保护、区域与城乡统筹等重大专题

的咨询和论证，应当聘请相关领域的资深专家领衔担任专题负责人。在规划修编工作的各个阶段，都要充分征求有关部门和单位的意见。要采取多种方式，广泛听取社会各界意见，扩大公众参与程度，增强规划修编工作的公开性和透明度。要提高规划修编水平，鼓励规划编制单位参与市场竞争，择优选择修编单位。

（三）加强对规划纲要的审查。编制城市总体规划必须首先制订规划纲要，要通过对城市总体规划纲要的严格审查，保证规划修编的科学性与规范性。纲要审查的重点是规划前期研究工作、编制思路和方法，以及规划提出的重大项目方案等。规划纲要通过审查后，方能开始规划成果的编制报批工作。城市总体规划要以规划纲要为基础，严格按照纲要审查意见进行编制。

（四）完善规划的主要内容。要认真做好城市总体规划与相关规划的协调衔接，科学确定生态环境、土地、水资源、能源、自然和历史文化遗产保护等方面的综合目标，划定禁止建设区、限制建设区范围。要根据保护城市资源与环境、保障公共安全与基础设施有效运行的要求，分别划定"蓝线"（城市水系保护范围）、"绿线"（绿地保护范围）、"紫线"（历史文化街区保护范围）、"黄线"（市政基础设施用地保护范围），并制订严格的空间管制措施。要将城市环境保护规划纳入城市总体规划，编制环境保护专门篇章。资源环境保护、区域协调发展、风景名胜管理、自然文化遗产保护、公共安全等涉及城市发展长期保障的内容，应当确定为城市总体规划的强制性内容。

（五）健全规划审查协调机制。要进一步完善城市总体规划部际联席会议制度，重点审查报送国务院审批的规划是否符合有关法律法规，是否符合规划编制、审批相关规定，是否符合国家宏观调控政策与重大战略部署；规划内容是否与国民经济和社会发展规划、土地利用总体规划等衔接一致；未经部际联席会议审查同意的，不得提请国务院审批。各地区也要根据实际需要，建立健全相应的规划审查协调机制，严把规划审查关。

四、强化对规划实施工作的监督管理

（一）完善监督检查机制。要在总结试点经验的基础上，全面推广城市规划督察员制度，由省级人民政府向所辖城市派出城市规划督察员，依据国家有关法律法规和政策，以及经批准的城市总体规划，对规划实施工作进行监督，及时发现、制止和查处违法违规行为。各地要结合城市规划管理信息化建设，尽快建立和完善城市规划动态信息监测系统，对城市总体规划实施情况进行实时监督。建设部要会同有关部门对国务院审批的城市总体规划实施情况实行统一的动态监测。

（二）开展效能监察工作。建设部要会同监察部对城市总体规划实施情况开展效能监察，严肃查处违反规定程序擅自调整和修编规划以及违反规划擅自开发建设的行为，依法依纪追究有关单位及人员的责任。省级城市规划行政主管部门和监察机关也要对本地区城市总体规划实施情况开展效能监察。

五、进一步加强组织领导

各地区、各有关部门要按照本意见的要求，进一步统一思想，提高认识，加强组织领导，改进和规范城市总体规划工作。要进一步完善规划审查制度，按照突出重点、分类指导的原则，明确要求，严格把关，合理安排新一轮规划审查工作。有关部门要强化监督检查管理，加强协调配合，认真研究城市总体规划中的重大问题。省级城市规划行政主管部门要做好对辖区内城市总体规划修编和实施的指导工作。城市人民政府负责统一组织规划修编和实施有关工作，不得下放规划管理权。

中共中央　国务院关于进一步加强城市规划建设管理工作的若干意见

（2016 年 2 月 6 日）

　　城市是经济社会发展和人民生产生活的重要载体，是现代文明的标志。新中国成立特别是改革开放以来，我国城市规划建设管理工作成就显著，城市规划法律法规和实施机制基本形成，基础设施明显改善，公共服务和管理水平持续提升，在促进经济社会发展、优化城乡布局、完善城市功能、增进民生福祉等方面发挥了重要作用。同时务必清醒地看到，城市规划建设管理中还存在一些突出问题：城市规划前瞻性、严肃性、强制性和公开性不够，城市建筑贪大、媚洋、求怪等乱象丛生，特色缺失，文化传承堪忧；城市建设盲目追求规模扩张，节约集约程度不高；依法治理城市力度不够，违法建设、大拆大建问题突出，公共产品和服务供给不足，环境污染、交通拥堵等"城市病"蔓延加重。

　　积极适应和引领经济发展新常态，把城市规划好、建设好、管理好，对促进以人为核心的新型城镇化发展，建设美丽中国，实现"两个一百年"奋斗目标和中华民族伟大复兴的中国梦具有重要现实意义和深远历史意义。为进一步加强和改进城市规划建设管理工作，解决制约城市科学发展的突出矛盾和深层次问题，开创城市现代化建设新局面，现提出以下意见。

一、总体要求

　　（一）指导思想。全面贯彻党的十八大和十八届三中、四中、五中全会及中央城镇化工作会议、中央城市工作会议精神，深入贯彻习近平总书记系列重要讲话精神，按照"五位一体"总体布局和"四个全面"战略布局，牢固树立和贯彻落实创新、协调、绿色、开放、共享的发展理念，认识、尊重、顺应城市发展规律，更好发挥法治的引领和规范作用，依法规划、建设和管理城市，贯彻"适用、经济、绿色、美观"的建筑方针，着力转变城市发展方式，着力塑造城市特色风貌，着力提升城市环境质量，着力创新城市管理服务，走出一条中国特色城市发展道路。

（二）总体目标。实现城市有序建设、适度开发、高效运行，努力打造和谐宜居、富有活力、各具特色的现代化城市，让人民生活更美好。

（三）基本原则。坚持依法治理与文明共建相结合，坚持规划先行与建管并重相结合，坚持改革创新与传承保护相结合，坚持统筹布局与分类指导相结合，坚持完善功能与宜居宜业相结合，坚持集约高效与安全便利相结合。

二、强化城市规划工作

（四）依法制定城市规划。城市规划在城市发展中起着战略引领和刚性控制的重要作用。依法加强规划编制和审批管理，严格执行城乡规划法规定的原则和程序，认真落实城市总体规划由本级政府编制、社会公众参与、同级人大常委会审议、上级政府审批的有关规定。创新规划理念，改进规划方法，把以人为本、尊重自然、传承历史、绿色低碳等理念融入城市规划全过程，增强规划的前瞻性、严肃性和连续性，实现一张蓝图干到底。坚持协调发展理念，从区域、城乡整体协调的高度确定城市定位、谋划城市发展。加强空间开发管制，划定城市开发边界，根据资源禀赋和环境承载能力，引导调控城市规模，优化城市空间布局和形态功能，确定城市建设约束性指标。按照严控增量、盘活存量、优化结构的思路，逐步调整城市用地结构，把保护基本农田放在优先地位，保证生态用地，合理安排建设用地，推动城市集约发展。改革完善城市规划管理体制，加强城市总体规划和土地利用总体规划的衔接，推进两图合一。在有条件的城市探索城市规划管理和国土资源管理部门合一。

（五）严格依法执行规划。经依法批准的城市规划，是城市建设和管理的依据，必须严格执行。进一步强化规划的强制性，凡是违反规划的行为都要严肃追究责任。城市政府应当定期向同级人大常委会报告城市规划实施情况。城市总体规划的修改，必须经原审批机关同意，并报同级人大常委会审议通过，从制度上防止随意修改规划等现象。控制性详细规划是规划实施的基础，未编制控制性详细规划的区域，不得进行建设。控制性详细规划的编制、实施以及对违规建设的处理结果，都要向社会公开。全面推行城市规划委员会制度。健全国家城乡规划督察员制度，实现规划督察全覆盖。完善社会参与机制，充分发挥专家和公众的力量，加强规划实施的社会监督。建立利用卫星遥感监测等多种手段共同监督规划实施的工作机制。严控各类开发区和城市新区设立，凡不符合城镇体系规划、城市总体规划和土地利用总体规划进行建设的，一律按违法处理。用 5 年左右时间，全面清查并处理建成区违法建设，坚决遏制新增违法建设。

三、塑造城市特色风貌

（六）提高城市设计水平。城市设计是落实城市规划、指导建筑设计、塑造城市特色风貌的有效手段。鼓励开展城市设计工作，通过城市设计，从整体平面和立体空间上统筹城市建筑布局，协调城市景观风貌，体现城市地域特征、民族特色和时代风貌。单体建筑设计方案必须在形体、色彩、体量、高度等方面符合城市设计要求。抓紧制定城市设计管理法规，完善相关技术导则。支持高等学校开设城市设计相关专业，建立和培育城市设计队伍。

（七）加强建筑设计管理。按照"适用、经济、绿色、美观"的建筑方针，突出建筑使用功能以及节能、节水、节地、节材和环保，防止片面追求建筑外观形象。强化公共建筑和超限高层建筑设计管理，建立大型公共建筑工程后评估制度。坚持开放发展理念，完善建筑设计招投标决策机制，规范决策行为，提高决策透明度和科学性。进一步培育和规范建筑设计市场，依法严格实施市场准入和清出。为建筑设计院和建筑师事务所发展创造更加良好的条件，鼓励国内外建筑设计企业充分竞争，使优秀作品脱颖而出。培养既有国际视野又有民族自信的建筑师队伍，进一步明确建筑师的权利和责任，提高建筑师的地位。倡导开展建筑评论，促进建筑设计理念的交融和升华。

（八）保护历史文化风貌。有序实施城市修补和有机更新，解决老城区环境品质下降、空间秩序混乱、历史文化遗产损毁等问题，促进建筑物、街道立面、天际线、色彩和环境更加协调、优美。通过维护加固老建筑、改造利用旧厂房、完善基础设施等措施，恢复老城区功能和活力。加强文化遗产保护传承和合理利用，保护古遗址、古建筑、近现代历史建筑，更好地延续历史文脉，展现城市风貌。用5年左右时间，完成所有城市历史文化街区划定和历史建筑确定工作。

四、提升城市建筑水平

（九）落实工程质量责任。完善工程质量安全管理制度，落实建设单位、勘察单位、设计单位、施工单位和工程监理单位等五方主体质量安全责任。强化政府对工程建设全过程的质量监管，特别是强化对工程监理的监管，充分发挥质监站的作用。加强职业道德规范和技能培训，提高从业人员素质。深化建设项目组织实施方式改革，推广工程总承包制，加强建筑市场监管，严厉查处转包和违法分包等行为，推进建筑市场诚信体系建设。实行施工企业银行保函和工程质量责任保险制度。建立大型工程技术风险控制机制，鼓励大型公共建筑、地铁等按市场化原则向保险公司投保重大工程保险。

（十）加强建筑安全监管。实施工程全生命周期风险管理，重点抓好房屋建筑、城市桥梁、建筑幕墙、斜坡（高切坡）、隧道（地铁）、地下管线等工程运行使用的安全监管，做好质量安全鉴定和抗震加固管理，建立安全预警及应急控制机制。加强对既有建筑改扩建、装饰装修、工程加固的质量安全监管。全面排查城市老旧建筑安全隐患，采取有力措施限期整改，严防发生垮塌等重大事故，保障人民群众生命财产安全。

（十一）发展新型建造方式。大力推广装配式建筑，减少建筑垃圾和扬尘污染，缩短建造工期，提升工程质量。制定装配式建筑设计、施工和验收规范。完善部品部件标准，实现建筑部品部件工厂化生产。鼓励建筑企业装配式施工，现场装配。建设国家级装配式建筑生产基地。加大政策支持力度，力争用10年左右时间，使装配式建筑占新建建筑的比例达到30%。积极稳妥推广钢结构建筑。在具备条件的地方，倡导发展现代木结构建筑。

五、推进节能城市建设

（十二）推广建筑节能技术。提高建筑节能标准，推广绿色建筑和建材。支持和鼓励各地结合自然气候特点，推广应用地源热泵、水源热泵、太阳能发电等新能源技术，发展被动式房屋等绿色节能建筑。完善绿色节能建筑和建材评价体系，制定分布式能源建筑应用标准。分类制定建筑全生命周期能源消耗标准定额。

（十三）实施城市节能工程。在试点示范的基础上，加大工作力度，全面推进区域热电联产、政府机构节能、绿色照明等节能工程。明确供热采暖系统安全、节能、环保、卫生等技术要求，健全服务质量标准和评估监督办法。进一步加强对城市集中供热系统的技术改造和运行管理，提高热能利用效率。大力推行采暖地区住宅供热分户计量，新建住宅必须全部实现供热分户计量，既有住宅要逐步实施供热分户计量改造。

六、完善城市公共服务

（十四）大力推进棚改安居。深化城镇住房制度改革，以政府为主保障困难群体基本住房需求，以市场为主满足居民多层次住房需求。大力推进城镇棚户区改造，稳步实施城中村改造，有序推进老旧住宅小区综合整治、危房和非成套住房改造，加快配套基础设施建设，切实解决群众住房困难。打好棚户区改造三年攻坚战，到2020年，基本完成现有的城镇棚户区、城中村和危房改造。完善土地、财政和金融政策，落实税收政策。创新棚户区改造体制机制，推动政府购买棚改服务，推广政府与社会资本合作模式，构建多元化棚改实施主体，发挥开发性金融支持作用。积极推行棚户区改造货币化安置。因地制宜确定住房保障标准，健全准入退出机制。

（十五）建设地下综合管廊。认真总结推广试点城市经验，逐步推开城市地下综合管廊建设，统筹各类管线敷设，综合利用地下空间资源，提高城市综合承载能力。城市新区、各类园区、成片开发区域新建道路必须同步建设地下综合管廊，老城区要结合地铁建设、河道治理、道路整治、旧城更新、棚户区改造等，逐步推进地下综合管廊建设。加快制定地下综合管廊建设标准和技术导则。凡建有地下综合管廊的区域，各类管线必须全部入廊，管廊以外区域不得新建管线。管廊实行有偿使用，建立合理的收费机制。鼓励社会资本投资和运营地下综合管廊。各城市要综合考虑城市发展远景，按照先规划、后建设的原则，编制地下综合管廊建设专项规划，在年度建设计划中优先安排，并预留和控制地下空间。完善管理制度，确保管廊正常运行。

（十六）优化街区路网结构。加强街区的规划和建设，分梯级明确新建街区面积，推动发展开放便捷、尺度适宜、配套完善、邻里和谐的生活街区。新建住宅要推广街区制，原则上不再建设封闭住宅小区。已建成的住宅小区和单位大院要逐步打开，实现内部道路公共化，解决交通路网布局问题，促进土地节约利用。树立"窄马路、密路网"的城市道路布局理念，建设快速路、主次干路和支路级配合理的道路网系统。打通各类"断头路"，形成完整路网，提高道路通达性。科学、规范设置道路交通安全设施和交通管理设施，提高道路安全性。到2020年，城市建成区平均路网密度提高到8公里/平方公里，道路面积率达到15%。积极采用单行道路方式组织交通。加强自行车道和步行道系统建设，倡导绿色出行。合理配置停车设施，鼓励社会参与，放宽市场准入，逐步缓解停车难问题。

（十七）优先发展公共交通。以提高公共交通分担率为突破口，缓解城市交通压力。统筹公共汽车、轻轨、地铁等多种类型公共交通协调发展，到2020年，超大、特大城市公共交通分担率达到40%以上，大城市达到30%以上，中小城市达到20%以上。加强城市综合交通枢纽建设，促进不同运输方式和城市内外交通之间的顺畅衔接、便捷换乘。扩大公共交通专用道的覆盖范围。实现中心城区公交站点500米内全覆盖。引入市场竞争机制，改革公交公司管理体制，鼓励社会资本参与公共交通设施建设和运营，增强公共交通运力。

（十八）健全公共服务设施。坚持共享发展理念，使人民群众在共建共享中有更多获得感。合理确定公共服务设施建设标准，加强社区服务场所建设，形成以社区级设施为基础，市、区级设施衔接配套的公共服务设施网络体系。配套建设中小学、幼儿园、超市、菜市场，以及社区养老、医疗卫生、文化服务等设施，大力推进无障碍设施建设，打造方便快捷生活圈。继续推动公共图书馆、美术馆、文化馆（站）、博物馆、科技馆免费向全社会开放。推动社区内公共设施向居民开放。合理规划建设广场、公园、步行道等公共活动空间，方便居民文体活动，促进居民交流。强化绿地服务居民日常活动的功能，使市民在居家附近能够见到绿地、亲近绿地。城市公园原则上要免费向居民开放。限期清理腾退违规占用的公共空间。顺应新型城镇化的要求，稳步推进城镇基本公共服务常住人口全覆盖，稳定就业和生活的农业转移人口在住房、教育、文化、医疗卫生、计划生育和证照办理服务等方面，与城镇居民有同等权利和义务。

（十九）切实保障城市安全。加强市政基础设施建设，实施地下管网改造工程。提高城市排涝系统建设标准，加快实施改造。提高城市综合防灾和安全设施建设配置标准，加大建设投入力度，加强设施运行管理。建立城市备用饮用水水源地，确保饮水安全。健全城市抗震、防洪、排涝、消防、交通、应对地质灾害应急指挥体系，完善城市生命通道系统，加强城市防灾避难场所建设，增强抵御自然灾害、处置突发事件和危机管理能力。加强城市安全监管，建立专业化、职业化的应急救援队伍，提升社会治安综合治理水平，形成全天候、系统性、现代化的城市安全保障体系。

七、营造城市宜居环境

（二十）推进海绵城市建设。充分利用自然山体、河湖湿地、耕地、林地、草地等生态空间，建设海绵城市，提升水源涵养能力，缓解雨洪内涝压力，促进水资源循环利用。鼓励单位、社区和居民家庭安装雨水收集装置。大幅度减少城市硬覆盖地面，推广透水建材铺装，大力建设雨水花园、储水池塘、湿地公园、下沉式绿地等雨水滞留设施，让雨水自然积存、自然渗透、自然净化，不断提高城市雨水就地蓄积、渗透比例。

（二十一）恢复城市自然生态。制定并实施生态修复工作方案，有计划有步骤地修复被破坏的山体、河流、湿地、植被，积极推进采矿废弃地修复和再利用，治理污染土地，恢复城市自然生态。优化城市绿地布局，构建绿道系统，实现城市内外绿地连接贯通，将生态要素引入市区。建设森林城市。推行生态绿化方式，保护古树名木资源，广植当地树种，减少人工干预，让乔灌草合理搭配、自然生长。鼓励发展屋顶绿化、立体绿化。进一步提高城市人均公园绿地面积和城市建成区绿地率，改变城市建设中过分追求高强度开发、高密度建设、大面积硬化的状况，让城市更自然、更生态、更有特色。

（二十二）推进污水大气治理。强化城市污水治理，加快城市污水处理设施建设与改造，全面加强配套管网建设，提高城市污水收集处理能力。整治城市黑臭水体，强化城中村、老旧城区和城乡结合部污水截流、收集，抓紧治理城区污水横流、河湖水系污染严重的现象。到 2020 年，地级以上城市建成区力争实现污水全收集、全处理，缺水城市再生水利用率达到 20% 以上。以中水洁厕为突破口，不断提高污水利用率。新建住房和单体建筑面积超过一定规模的新建公共建筑应当安装中水设施，老旧住房也应当逐步实施中水利用改造。培育以经营中水业务为主的水务公司，合理形成中水回用价格，鼓励按市场化方式经营中水。城市工业生产、道路清扫、车辆冲洗、绿化浇灌、生态景观等生产和生态用水要优先使用中水。全面推进大气污染防治工作。加大城市工业源、面源、移动源污染综合治理力度，着力减少多污染物排放。加快调整城市能源结构，增加清洁能源供应。深化京津冀、长三角、珠三角等区域大气污染联防联控，健全重污染天气监测预警体系。提高环境监管能力，加大执法力度，严厉打击各类环境违法行为。倡导文明、节约、绿色的消费方式和生活习惯，动员全社会参与改善环境质量。

（二十三）加强垃圾综合治理。树立垃圾是重要资源和矿产的观念，建立政府、社区、企业和居民协调机制，通过分类投放收集、综合循环利用，促进垃圾减量化、资源化、无害化。到2020年，力争将垃圾回收利用率提高到35%以上。强化城市保洁工作，加强垃圾处理设施建设，统筹城乡垃圾处理处置，大力解决垃圾围城问题。推进垃圾收运处理企业化、市场化，促进垃圾清运体系与再生资源回收体系对接。通过限制过度包装，减少一次性制品使用，推行净菜入城等措施，从源头上减少垃圾产生。利用新技术、新设备，推广厨余垃圾家庭粉碎处理。完善激励机制和政策，力争用5年左右时间，基本建立餐厨废弃物和建筑垃圾回收和再生利用体系。

八、创新城市治理方式

（二十四）推进依法治理城市。适应城市规划建设管理新形势和新要求，加强重点领域法律法规的立改废释，形成覆盖城市规划建设管理全过程的法律法规制度。严格执行城市规划建设管理行政决策法定程序，坚决遏制领导干部随意干预城市规划设计和工程建设的现象。研究推动城乡规划法与刑法衔接，严厉惩处规划建设管理违法行为，强化法律责任追究，提高违法违规成本。

（二十五）改革城市管理体制。明确中央和省级政府城市管理主管部门，确定管理范围、权力清单和责任主体，理顺各部门职责分工。推进市县两级政府规划建设管理机构改革，推行跨部门综合执法。在设区的市推行市或区一级执法，推动执法重心下移和执法事项属地化管理。加强城市管理执法机构和队伍建设，提高管理、执法和服务水平。

（二十六）完善城市治理机制。落实市、区、街道、社区的管理服务责任，健全城市基层治理机制。进一步强化街道、社区党组织的领导核心作用，以社区服务型党组织建设带动社区居民自治组织、社区社会组织建设。增强社区服务功能，实现政府治理和社会调节、居民自治良性互动。加强信息公开，推进城市治理阳光运行，开展世界城市日、世界住房日等主题宣传活动。

（二十七）推进城市智慧管理。加强城市管理和服务体系智能化建设，促进大数据、物联网、云计算等现代信息技术与城市管理服务融合，提升城市治理和服务水平。加强市政设施运行管理、交通管理、环境管理、应急管理等城市管理数字化平台建设和功能整合，建设综合性城市管理数据库。推进城市宽带信息基础设施建设，强化网络安全保障。积极发展民生服务智慧应用。到2020年，建成一批特色鲜明的智慧城市。通过智慧城市建设和其他一系列城市规划建设管理措施，不断提高城市运行效率。

（二十八）提高市民文明素质。以加强和改进城市规划建设管理来满足人民群众日益增长的物质文化需要，以提升市民文明素质推动城市治理水平的不断提高。大力开展社会主义核心价值观学习教育实践，促进市民形成良好的道德素养和社会风尚，提高企业、社会组织和市民参与城市治理的意识和能力。从青少年抓起，完善学校、家庭、社会三结合的教育网络，将良好校风、优良家风和社会新风有机融合。建立完善市民行为规范，增强市民法治意识。

九、切实加强组织领导

（二十九）加强组织协调。中央和国家机关有关部门要加大对城市规划建设管理工作的指导、协调和支持力度，建立城市工作协调机制，定期研究相关工作。定期召开中央城市工作会议，研究解决城市发展中的重大问题。中央组织部、住房城乡建设部要定期组织新任市委书记、市长培训，不断提高城市主要领导规划建设管理的能力和水平。

（三十）落实工作责任。省级党委和政府要围绕中央提出的总目标，确定本地区城市发展的目标和任务，集中力量突破重点难点问题。城市党委和政府要制定具体目标和工作方案，明确实施步骤和保障措施，加强对城市规划建设管理工作的领导，落实工作经费。实施城市规划建设管理工作监督考核制度，确定考核指标体系，定期通报考核结果，并作为城市党政领导班子和领导干部综合考核评价的重要参考。

各地区各部门要认真贯彻落实本意见精神，明确责任分工和时间要求，确保各项政策措施落到实处。各地区各部门贯彻落实情况要及时向党中央、国务院报告。中央将就贯彻落实情况适时组织开展监督检查。